高校高水平运动队教育培养对策探究

陶 岩 ◎ 著

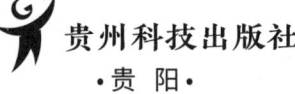

贵州科技出版社
·贵阳·

图书在版编目（CIP）数据

高校高水平运动队教育培养对策探究 / 陶岩著.
贵阳：贵州科技出版社，2024.12. --ISBN 978-7
-5532-1502-0

Ⅰ.G812.5

中国国家版本馆 CIP 数据核字第 2025YM0158 号

高校高水平运动队教育培养对策探究
GAOXIAO GAOSHUIPING YUNDONGDUI JIAOYU PEIYANG DUICE TANJIU

出版发行	贵州科技出版社
地　　址	贵阳市观山湖区会展东路 SOHO 区 A 座（邮编：550081）
出 版 人	王立红
经　　销	全国各地新华书店
印　　刷	三河市祥宏印务有限公司
版　　次	2025 年 5 月第 1 版
印　　次	2025 年 5 月第 1 次
字　　数	115 千字
印　　张	8.25
开　　本	889 mm×1194 mm　1/16
书　　号	ISBN 978-7-5532-1502-0
定　　价	78.00 元

前　言

随着我国体育事业的快速发展,高校高水平运动队在国内外竞技场上逐渐崭露头角。然而,当前我国高校高水平运动队在发展过程中仍存在一些问题。有些问题来源于发展自身,而另一些问题则是外部因素造成的。本书旨在通过深入的探讨、分析和研究,发现高校高水平运动队面临的问题,给出发展策略。

自20世纪80年代起,我国开始试点建设高校高水平运动队,旨在提高大学生体育素质,推动学校体育事业的发展。经过几十年的发展,我国高校高水平运动队在竞技体育方面取得了显著的成绩。同时,也有越来越多的高校开始建立高水平运动队。虽然高校高水平运动队取得了一定的成绩,但仍有部分高校对高水平运动队在资金投入、教练员队伍建设、队员培养等方面缺乏支持力度,制约了高校高水平运动队的进一步发展。科学、完善的训练体系是高校高水平运动队发展的关键,然而,部分高校在训练体系的建设方面存在严重不足。发展高校高水平运动队还需要充足的资金支持,目前很多高校在资金投入方面存在困难。这些制约因素导致队员在训练、比赛、器材设备等方面得不到充分的保障,影响了队员的训练效果和比赛成绩。

本书是作者通过实践与总结,将多年在实际工作中搜集到的相关信息、数据进行整理,归纳总结出的我国高校高水平运动队培养和管理的发展历程及培养对策,不足之处在所难免,请各位读者批评、指教。

目　录

第一章　绪　论 ··· 001
　　第一节　研究背景及研究意义 ·································· 001
　　第二节　新时代高校高水平运动队的使命与担当 ·············· 003
　　第三节　当前高校高水平运动队的现状 ························ 004

第二章　高校高水平运动队的发展状况 ························· 007
　　第一节　高校高水平运动队发展的起步阶段（1987—1994年）
　　　　　　·· 007
　　第二节　高校高水平运动队发展的快速阶段（1995—2005年）
　　　　　　·· 011
　　第三节　高校高水平运动队发展的稳定与提升阶段（2006年至今）
　　　　　　·· 014

第三章　高校高水平运动队的整体建设 ························· 017
　　第一节　高校高水平运动队的生活建设 ······················· 017
　　第二节　高校高水平运动队的纪律建设 ······················· 023
　　第三节　高校高水平运动队的训练建设 ······················· 029
　　第四节　高校高水平运动队的体育精神建设 ·················· 036
　　第五节　高校高水平运动队的队风建设 ······················· 042
　　第六节　高校高水平运动队的学风建设 ······················· 049

1

第四章　我国高校高水平运动队队伍建设的现状解析 ……… 060

第一节　高校高水平运动队的现状及存在的问题 ……… 060

第二节　教练员的现状及存在的问题 ……… 062

第三节　高校高水平运动队的资源及存在的问题 ……… 063

第四节　高校高水平运动队队伍建设的体制机制 ……… 064

第五章　我国高校高水平运动队队伍建设的对策研究 ……… 066

第一节　管理体制的改革与发展思路的创新 ……… 066

第二节　投入经费的增加与物质保障的加强 ……… 068

第三节　强化运动员与教练员的质量管理 ……… 070

第四节　构建高校高水平运动队的绩效考核指标体系 ……… 072

第六章　高校高水平运动队的制度建设 ……… 074

第一节　高校高水平运动队激励制度的建设 ……… 074

第二节　高校高水平运动队保障制度的建设 ……… 086

第三节　高校高水平运动队约束制度的建设 ……… 096

第七章　高校高水平运动队的心理健康教育 ……… 105

第一节　加强源头管理,全方位提升运动员的心理健康素养

……… 105

第二节　加强心理健康管理,提升及早发现的能力和日常辅导的水平

……… 112

第三节　加强家校协同管理,提高心理危机事件的干预处置能力

……… 119

参考文献 ……… 126

第一章 绪 论

第一节 研究背景及研究意义

一、研究背景

1986年,原国家教育委员会(现已更名为"教育部",以下简称"国家教委")和原国家体育运动委员会(现已更名为"国家体育总局",以下简称"国家体委")提出:普通高等学校试办高水平运动队以来,高校高水平运动队历经30余年的发展,经实践证明,高校高水平运动队建设取得了明显成效,有效培养了一批又一批竞技体育人才。高校高水平运动队是教育系统体育人才培养的基础和保障,是世界大学生运动会参赛的主力军,也是国家优秀体育人才的"摇篮"。多年来,高校高水平运动队的建设和发展使我国在世界级的多项赛事中取得了可喜的成绩,也为国家培养了一大批优秀的竞技体育人才。

高校为建设高水平运动队,在体育场地、器材、师资等方面加大建设力度,给高校体育工作的开展提供了良好的条件,吸引了更多的大学生积极参加体育锻炼,同时校园设施建设水平也得到提高,提升了大学的形象,推动了高等教育的内涵发展。高校举办高水平运动队还促进了校园文化建设,形成了不同的学校特色和体育传统,丰富了学生的课外活动内容,营造了生动活泼、朝气蓬勃的校园文化氛围,对掀起学生积极参加体育锻炼的热潮起到了积极的作用。

但是,高校高水平运动队在发展的过程中也存在一些问题,比如重视程度不够,建设力度不强,建设目标不明确,布局不平衡,重训练而轻学习,参赛不多,运动水平不高,运动队管理不严格,招生欠规范,等等。

这些问题直接影响了高校高水平运动队的总体效益。在新形势下,为进一步加强高校高水平运动队的建设,教育部于 2017 年 7 月 6 日发布《教育部关于进一步加强普通高校高水平运动队建设的实施意见》(教体艺〔2017〕6 号),提出了今后一个时期高校高水平运动队建设的主要目的和重点任务。

二、研究意义

2023 年 11 月 9 日,教育部发布《教育部办公厅关于做好 2024 年普通高等学校部分特殊类型招生工作的通知》(教学厅〔2023〕10 号),对 2024 年我国高校高水平运动队的招生工作做出了部署和安排。这是对 2021 年 9 月 24 日发布的《教育部 国家体育总局关于进一步完善和规范高校高水平运动队考试招生工作的指导意见》(教学〔2021〕2 号)的推进落实,标志着我国高校高水平运动队的建设进入新发展阶段。2024 年落地的这些招考举措,顺应新时期教育高质量发展的时代要求,遵循高等学校教育教学和人才培养的规律、要求,保障了学生建立适应未来社会的思维品质和关键能力的基础要求。

党的二十大报告提出:"高质量发展是全面建设社会主义现代化国家的首要任务""教育、科技、人才是全面建设社会主义现代化国家的基础性、战略性支撑"。高校高水平运动队是我国培养优秀竞技体育后备人才的重要途径。自 1986 年实施以来,随着经济社会和高等教育的不断发展,我国高校高水平运动队的考试招生政策也在不断完善和与时俱进,即立足新发展阶段,牢牢把握我国高校高水平运动队建设的使命任务,紧紧围绕"培养什么人、怎样培养人、为谁培养人"这一根本性问题,进一步明晰我国高校高水平运动队考试招生工作的目标定位,选拔、培养德、智、体、美、劳全面发展且具有较高竞技体育水平的学生运动员(以下简称"运动员"),为奥运会、世界大学生运动会等重大体育比赛和国家竞技体育后备人才培养体系提供人才支撑。因而,需要进一步提高运动员的技术等级和体育比赛成绩,确保乐于、适于、善于从事竞技体育运动的优秀人才进入高校高水平运动队,为国家培养竞技体育后备人才。同时,还须制定完善相关配套设施设备的保障措施,引领、推动新时代我国高校高水平运动队的建设高质量发展。

为更好地探究高校高水平运动队的建设、人才培养对策等重点工作任务,本书通过对大量的政策文件、数据信息、实际发展情况等进行对比,从而得出结论,力求为同行业的教育工作者提供一些参考。

第二节　新时代高校高水平运动队的使命与担当

一、体育强国建设对于民族复兴意义重大

体育强国建设对于民族复兴具有重要意义。首先,体育作为一种身体活动形式,可以提高人们的身体素质、增强体魄,达到预防疾病、提高生活质量的目的。一个国家的民族复兴,必须建立在国民健康的基础之上。通过大力发展体育事业,提倡全民健身运动,可以增强国民的整体健康水平,提升国民的获得感和幸福感。其次,体育作为一种社会活动形式,有助于培养人的品格和精神风貌。在竞技体育中,人们还可以学习到团队合作、坚持不懈、努力拼搏等良好的价值观念和品质。这些是民族复兴所需的重要素质,可以帮助国人在面对困难和挑战时保持积极进取的态度,为实现民族复兴做出贡献。最后,体育是国家形象和软实力的一个重要表现。总而言之,体育强国的建设不仅可以为国民提供健康保障,满足人们对美好生活的需求,而且可以提升他们的获得感、幸福感和安全感,助力实现民族复兴。

二、体育强国建设助力民族复兴

民族复兴是建立在经济社会高质量发展的基础之上的。当前,我国"正处在转变发展方式、优化经济结构、转换增长动力的攻关期",一者,无论是体育产业、体育设施设备的建设,还是培养优秀运动员,进行体育外交,都必须建设现代化经济体系,推动经济社会高质量发展;二

者,从社会来看,体育是促进社会就业、改善民生的一个强有力的助推器;三者,通过举办大型体育赛事、培养优秀运动员等方式,可以提升一个国家在国际上的话语权和影响力,而一个体育强国在竞技体育比赛中取得优异成绩,不仅能够展现国家的竞技水平和社会进步,而且这种国家形象的塑造对于民族复兴具有积极的推动作用;四者,体育是改善生态环境、促进生态文明建设的一条重要路径;五者,体育强国建设在为民族复兴提供物质基础方面起到了积极的作用,发展体育产业、建设体育设施设备、培养优秀运动员、开展体育外交等,可为国家的繁荣富强和中华民族的伟大复兴做出贡献。

三、体育强国建设为民族复兴提供精神动力

党的十九大报告强调:"没有高度的文化自信,没有文化的繁荣兴盛,就没有中华民族伟大复兴。"首先,体育强国建设能够给人们带来民族自豪感和归属感,使人们对自己所处的国家充满期待。其次,体育强国建设也是一种文化自信的体现。中华优秀传统体育文化作为中华优秀传统文化的一个重要组成部分,在吸收世界先进文化的同时,继承了本国的优秀传统文化,逐步形成了以"人本主义精神、公平竞争精神、英雄主义精神、团队协作精神、拼搏进取精神、开拓创新精神"为内核的中华体育精神,为实现民族复兴注入了强大动力。再次,体育强国建设还能够引领低碳环保的生活方式,引导人们从物质追求走向精神追求,为世界可持续发展奠定基础。最后,体育作为人类社会共同的语言,不仅是与国际进行沟通的"窗口",更是能展现中国形象的"大门",以及中国走向国际化的必要途径。通过体育的合作交流,中华优秀传统文化、体育精神、价值观得以展现,既为实现中华民族伟大复兴提供了良好的外部环境,也为民族复兴提供了精神动力。

第三节　当前高校高水平运动队的现状

当前,高校高水平运动队面临一些困境,比如资源不足(如资金、设施设备、人才等)、学术与运动不平衡(如何保证运动员的学业进步,以及如何解决学业与训练在时间上的冲突等问题),以及如何应对体育社会化和市场化趋势(现代体育对运动员的要求越来越高,运动员除了要有专业技能外,还要有社交影响力、商业价值等方面的综合素质)等问题。高校高水平运动队的建设经过长期的研究与探索,形成了具有中国特色的运动员培育模式,取得了很好的成绩,目前还存在以下问题。

一、招生制度不健全

目前,普通高校在针对高校高水平运动队运动员制定的招生制度中规定:考生须符合生源省份条件,并获得国家二级运动员及以上技术等级者,方可报考高校高水平运动队。这种规定本身以公平和质量为出发点,为高校招收优秀的运动员提供了制度保障。如此保障的原因在于:一是对考生生源地资格审查不严,为抢占名额,一些学校在资格审查中放低要求,导致"抢名额"等现象出现;二是有极少数考生达不到报考条件,然而核验不严,导致不公平现象出现;三是对体育成绩不达标的考生给予照顾,甚至出现不透明、不公开的操作;四是部分学校为了招到条件更好的运动员,将一级运动员的成绩作为文化课成绩的合格线,以此录取运动员,降低对运动员文化课成绩的要求,导致一些运动员入学后不认真学习文化课程,运动训练也出现懈怠和不积极的情况。

二、办队目标不精准

高校高水平运动队的建设目标应当是为我国培养优秀的竞技体育运动员,为参加奥林匹克运动会(以下简称"奥运会")、世界大学生运动会等奠定基础,同时培养德、智、体、美、劳全面发展的竞技体育专业人才,为增强国民素质提供深厚的人才支撑。但是,在我国部分高校高水平运动队的训练中,存在诸多问题,例如一些高校落实政策不到位,在实际训练和文化教育中,为了提高学校的知名度和升学率,忽视文化教育,过分注重体育成绩。这种行为不仅违背了高校高水平运动队的建队初衷,还会对运动员的身心发展造成不利影响,不利于运动员的长期发展。

三、日常管理不规范

高校高水平运动队的日常管理基本分为训练管理和学习管理两部分,二者之间存在鲜明的矛盾,即学习、训练的时间有冲突。部分高校没有给予政策支持,导致运动员的文化课成绩落后于其他同学,由于分数不及格而要承受挂科重修的结果。也有一些运动员不服从院系管理,频繁旷课、迟到、早退,这些行为也会严重影响运动员的学习成绩和未来发展。

四、思想品德教育有待提高

高校高水平运动队肩负着为国争光的重任。日趋激烈的竞争对运动员各项素质的要求越来越高,运动员不但要有高超的运动技能、过人的体能,还要有强烈的集体荣誉感、过硬的心理素质、优秀的意志品质、吃苦耐劳和自我牺牲的精神,这些品质、精神等的培养建立在运动员思想品德教育的基础之上。调查研究显示,教练员多侧重于对运动员理论知识和专业技能的培养,忽略品德教育所能发挥的重要作用。而运动员普遍年轻化这一特点,使得开展品德教育的工作变得较为复杂:一者,年轻运动员的好奇心强,对新鲜事物的接受较快,但其辨别能力较差,需要对其进行品德教育;二者,运动员肩负着为国争光的使命,为了他们能够更从容、更镇定地应对挑战,就不能忽视品德教育——品德教育在这方面发挥的作用可谓举足轻重;三者,体育领域正面临社会化和市场化的变革,如何正确地看待个人荣誉,变成了横亘在运动员心中的首要问题,而要解决这个问题,需要运动员具备良好的世界观、人生观、价值观,因此"三观"教育对于运动员也很重要,不可或缺。

第二章　高校高水平运动队的发展状况

第一节　高校高水平运动队发展的起步阶段（1987—1994年）

一、丰富、完善举国体制下的"三级训练网络"人才培养体系

新中国成立初期，竞技体育肩负着内聚民心、外展形象的重要任务，我国在借鉴苏联模式的基础上建立了"三级训练网络"人才培养体系，运动员长期游离于学校教育之外，由于伤病和年龄的影响，面临退役后就业难的问题。改革开放后，经济社会的快速发展与运动员文化素质偏低之间的矛盾日益凸显。

高校高水平运动队既是体教融合的重要方式，又是探索体育后备人才多元化培养的重要途径。多年来，高校高水平运动队在发展中丰富、完善了举国体制下的单一体育后备人才培养模式，推动了人才培养体系的变革。新中国成立初期，为了能在短期内推动竞技体育快速突破，实现为国争光的目标，原国家体委确立了举国体制，其典型特征是采取"思想一盘棋，组织一条龙"的运动员选拔、培养方式。为提升体育后备人才的培养效率，20世纪60年代中期，我国采取"三级训练网络"人才培养体系，建立了优秀运动队（国家队与省队）、市级与县级业余体校、学校运动队层层衔接的运动员培养体制。"三级训练网络"主要以政府为强大驱动力，依托体育系统培养体育后备人才，但这个方式使得人才的选拔和输送脱离了国民教育系统，导致运动员的文化水平普遍不高，运动员退役后出路狭窄，国家对退役运动员的服务保障不够。

自20世纪80年代建设高校高水平运动队以来,我国高校积极将体育资源和教育资源有机整合起来,用于培养体育后备人才。高校不断尝试打通体育、教育两个系统人才培养的隔阂,从体教结合到体教融合,推动原有的体工队学院化、学校化,不断探索并建立"小学—中学—大学"一条龙的人才培养体系,为运动员进行运动训练和文化学习提供平台,这些都是在国民教育体系培养运动员的重要探索。同时,高校高水平运动队通过优化配置教育资源,将运动员的培养纳入学校教育体系,缓解了人才培养过程中学、训二者之间的矛盾,有利于培养文化教育和运动技能"双优型"人才,这些也成为中国特色优秀竞技体育后备人才培养的有益探索。

二、实现从培养较高运动技能体育人才到服务国家竞技体育的战略转变

科学、合理的目标任务是体现体教融合人才培养的基本导向,也是运动员可持续发展的基础。从不同时期高校高水平运动队政策的演变可以看出,我国高校高水平运动队围绕"培养什么样的人、实现什么样的目标"进行动态调整,形成了从培养较高运动技能体育人才到服务国家竞技体育的战略转变。1986年,原国家教委、国家体委开启的高校高水平运动队试点工作并没有明确地设定培养目标,1986年4月17日发布的《全国培养高水平学生运动员试点学校申报审批暂行办法》([86]教体字007号)中明确提出:将德、智、体全面发展的,具有较高体育运动技术水平的优秀人才作为培养目标。1987年4月9日,原国家教委发出《国家教育委员会关于部分普通高等学校试行招收高水平运动员工作的通知》([87]教学字008号),提出提高普通高等学校体育运动技术水平,培养德、智、体、美、劳全面发展的高水平运动员。

十一届三中全会以后,在各项体制改革的进程中,体育体制的改革也逐步全面地推广开来。1986年,原国家体委颁布《关于体育体制改

革的决定(草案)》,开始了以放权搞活为主线的改革;同年,原国家教委、国家体委发布《关于开展课余体育训练,提高学校体育运动技术水平的规划》,指出今后几年必须把尽快提高我国大学生竞技体育水平作为一项十分紧迫的任务,实现我国大学生竞技体育走向世界大学生运动会的目标。

为提高运动员的文化素质,解决运动员有技能无文化、退役后不能适应社会需求的问题,原国家教委、国家体委于1987年将清华大学、复旦大学等51所重点大学确定为首批招收高校高水平运动队运动员的试点学校。招生考试的运动项目主要包含足球、篮球、排球等10个项目,目的是提高大学的竞技体育水平,培养德、智、体、美、劳全面发展的体育人才。这也是在国家政策层面首次提出在高校体教结合培养运动员。高校高水平运动队的招生考试制度实施后,大多数高校以招收退役运动员为主,1988年的第三届全国大学生运动会刷新了90多项该运动会纪录,1991年我国的运动员在第十六届世界大学生运动会上勇摘20枚金牌。

三、在引领学校体育发展和带动校园文化建设中发挥重要作用

我国高校高水平运动队发挥着引领学校体育发展及带动校园文化建设的多重作用,在带动学校课余体育训练、参加竞赛及丰富校园文化等方面体现出重要的作用。早在1986年,国家启动高校高水平运动队的建设时,就把高校高水平运动队带动全体学生参加体育锻炼,发挥学校体育和校园文化建设的示范作用作为一个重要目标,当时原国家教委、国家体委印发的《关于开展课余体育训练,提高学校体育运动技术水平的规划》中专门提出,营造关心体育、重视体育的风气,培养学生对体育运动的兴趣和爱好。随着学校体育的发展和体教融合的深入推进,高校高水平运动队引领体育文化活动的功能日益凸显,在引领学校体育发展、提升学生健康水平等方面都起到了很好的示范作用。

在引领学校体育发展方面:一是高校高水平运动队的活跃表现直

接提升了学校整体的竞技体育水平,运动员通过专业的训练和比赛,不仅提高了自身的竞技能力,而且为学校赢得了荣誉,进而激发了全校师生对体育锻炼的热情;二是高校高水平运动队的训练和比赛为学校体育教学的改革提供了宝贵的经验与借鉴,运动员在训练方法、比赛策略及运动恢复等方面的经验和知识,有助于学校体育教学内容的更新和教学方法的改进;三是为了满足高校高水平运动队的训练和比赛需求,学校往往会投入更多资源用于体育设施的建设和升级,如改良运动场地、更新体育器材等。这些设施的改善不仅惠及高校高水平运动队,也为全校师生提供了更好的体育锻炼条件。

在带动校园文化建设方面:一是高校高水平运动队通过参与各种体育赛事和活动,营造了积极向上的校园体育文化氛围,运动员的拼搏精神、团队合作精神,以及胜不骄、败不馁的态度,成为校园文化的一个重要组成部分,激励着全校师生追求卓越、勇于挑战;二是高校高水平运动队在校园内具有很高的知名度和影响力,运动员的比赛和训练往往能吸引大量师生的关注,这种关注不仅增强了师生对学校的归属感,也促进了校园内部的交流和团结;三是高校高水平运动队的参与为校园文化生活注入了新的活力,运动员的比赛、训练及其他相关的体育活动,都会成为校园文化生活的重要组成部分,既丰富了师生的课余生活,也提升了校园的文化氛围;四是通过参与高校高水平运动队的训练和比赛,运动员不仅能够提升体育技能,还能培养团队合作精神、领导力和解决问题的能力,这些非学术技能对于运动员的全面发展至关重要,有助于他们在未来的生活和职业中取得成功。

高校高水平运动队不仅为我国竞技体育训练体制的改革开辟了一条新路,促进了高校竞技体育水平的提高,还能够为今后高校竞技体育自身的发展提供宝贵的经验并奠定基础。但必须承认的是,只有为数不多的高校高水平运动队建立起来了,大量普通院校仍然忽视本校运动队的组建,以致全国高校的竞技体育技术水平参差不齐,校际体育竞赛难以开展,部分运动员得到锻炼的机会少,竞技水平难以提升。与此同时,各试点学校为了在校际比赛中取得较好的成绩,招收了许多省、市淘汰下来的专业运动员,虽然这些专业运动员为各校竞技体育技术水平的提高起到了一定的促进作用,但难以肩负赶超世界竞技体育先进水平的重任。进入20世纪90年代后,随着改革的不断深入,中国体育逐步走向社会化、市场化,高校亦在自身的发展及与国际接轨的摸索过程中逐渐体会到了这些实际困难。

第二节 高校高水平运动队发展的快速阶段（1995—2005年）

一、发展规模与试点学校

1995年,高校高水平运动队的建设进入一个新的阶段。同年5月,为落实《学校体育工作条例》,在高校高水平运动队的招生考试制度实施8年后,原国家教委总结发展经验,针对存在的问题,与时俱进地颁布了《国家教委办公厅关于部分普通高等院校试办高水平运动队的通知》,对高校高水平运动队的招生制度进行优化和完善,在招生院校的名额、考试办法、考试管理等方面做出更详尽的规定。该时期高校高水平运动队的主要培养目标是快速提高大学生竞技体育水平,为国家培养全面发展的体育人才,能够逐步实现组队参加世界大学生运动会。

该通知规定:中央部属院校面向全国招生,地方院校面向本地招生。这一时期招收运动员的高校有了小幅增长,数量达到53所,运动项目中增加了击剑项目。与之前相比,最大的变化在于对报考运动员的年龄做出要求,规定报考球类运动者年龄不得超过22岁,报考其他项目者年龄不得超过20岁;招生对象在具有高中学历的同时,须取得一级运动员证书,或者在由原国家体委或国家教委主办的全国运动会或单项比赛中为个人项目或集体项目前 6 名的主力运动员；招生人数不得超过学校当年招生总人数的 1%。

可以看出，国家招收运动员的价值取向有所变化，即从着重解决运动员的文化教育问题向承担起运动员的培养转变，更加重视运动员进入高校后的发展潜力。在招生考试的方式上，采取国家统一考试，由原国家教委确定录取分数线。

二、学校体育发展

这一时期，高校高水平运动队在国内外体坛取得了显著的成绩。1996 年在陕西西安召开的第五届、2000 年在四川成都召开的第六届、2004 年在上海召开的第七届共 3 届全国大学生运动会，以及 1995 年在日本福冈召开的第十八届、1997 年在意大利西西里召开的第十九届、1999 年在西班牙帕尔马召开的第二十届、2001 年在中国北京召开的第二十一届、2003 年在韩国大邱召开的第二十二届共 5 届世界大学生运动会，我国的运动员多次打破各类项目的世界纪录，并位列 2001 年、2003 年两届世界大学生运动会金牌榜第一名。高校高水平运动队不仅取得了竞技成绩，而且推动了学校体育的整体发展，具体表现在以下 4 个方面。

1. 提升体育设施设备建设和管理水平

高校高水平运动队的建设往往需要高质量的体育设施作为支撑。为了满足高校高水平运动队的训练和比赛需求，学校会投入更多的资源来改善和提升体育设施设备，包括运动场地、器材及配套设施等。这不仅为高校高水平运动队提供了更好的训练条件，也为全校师生提供了更优质的体育资源，推动了学校体育设施设备的建设和管理水平的提升。

2. 促进学生参与体育活动

高校高水平运动队的优异成绩和精彩表现往往会激发其他学生的运动热情，吸引更多的学生参与到各类体育活动中。这种带动效应有助于提高学生的体育参与度,增强学生的身体素质和运动技能,进而推动学校体育的普及和发展。

3. 提升学校体育文化氛围

高校高水平运动队的活跃表现有助于营造浓厚的学校体育文化氛围。学校会组织各种形式的体育赛事和活动,如运动会、体育节等,这些活动不仅能够丰富学生的课余生活,还能够增强学生的团队合作精神和集体荣誉感。同时,高水平运动队的成功也会为学校带来荣誉和关注度,进一步提升学校体育的社会影响力。

4. 推动体育教育和科研发展

高校高水平运动队的训练和比赛为体育教育提供了宝贵的经验与案例。通过对高校高水平运动队的训练方法和比赛策略进行研究,可以不断完善体育教育的内容和方法,提高体育教育的针对性和实效性。同时,高校高水平运动队的训练和比赛也会涉及运动生理学、运动营养学等多个学科领域,这有助于推动学校体育科研的发展。

三、招生与培养

在招生方面,高校高水平运动队的招生标准和要求逐渐明确与严格,旨在严格筛选具有潜力的运动员。例如某些高校在招生时会设定具体的成绩要求,如高考成绩须达到生源省份本科录取最低控制分数线的一定比例等,这些要求确保了招收到的运动员不仅体育技能出众,而且具备一定的文化素养。高校高水平运动队在招生时明确了专业范围,这有助于运动员在入学后更好地规划自己的学习计划和训练计划。高校高水平运动队在培养运动员时,注重文化与体育的并重发展,以确保运动员在文化素养上有所提升。对于体育专业成绩突出、具有特殊培养潜质的考生,高校会探索建立文化课成绩破格录取机制,为这类考生提供更多的发展机会。

高校高水平运动队通常拥有优秀的教练团队和先进的训练设施设备,这为运动员的专业成长提供了有力的支持。经过培养,高校高水平运动队在各类比赛中取得了优异的成绩。这些成绩不仅体现了运动员的个人能力,也展现了高校在培养高水平运动员方面的实力。

第三节　高校高水平运动队发展的稳定与提升阶段（2006年至今）

对高校高水平运动队的建设进行全面评估后,建队规模趋于稳定,此后高校高水平运动队进入了中规模平稳发展阶段。在这一阶段,高校高水平运动队的管理模式呈现多元化趋势,包括坚持自己办队、与专业队联合办队、专业队挂靠等形式。

一、政策的优化与提升

为进一步规范高校高水平运动队的管理,各类高校积极探索适合我国国情的高水平运动员培养模式。2006年12月20日,《教育部、国家体育总局关于进一步加强学校体育工作,切实提高学生健康素质的意见》(教体艺〔2006〕5号)出台,提出优化高校高水平运动队建设的评估方案,解决高校招生规模盲目扩大、重招生、轻建设等问题。同一天,教育部体育卫生与艺术教育司下发《关于2007年调整部分普通高等学校高水平运动队设项的通知》(教体艺司函〔2006〕63号),围绕培养体育后备人才和参加世界大学生运动会的任务,要求统筹不同地区、不同项目运动队的发展规模,在全国范围内优化招生项目的布局。2007年5月7日,《中共中央　国务院关于加强青少年体育增强青少年体质的意见》(中发〔2007〕7号)出台,提出进一步规范高校高水平运动队的发展,发挥高校高水平运动队在学校体育发展中的作用。同年,招收运动员的项目达到30个。

为进一步优化布局,2010年,教育部开展了新一轮高校高水平运动队建设的评估工作,严格治理考试组织不规范、管理不严格、运动员技术等级造假等问题,并向社会公布了268所符合标准的高校名单。为更好地完成参加世界大学生运动会及国际、国内重大体育比赛等任务,2017年7月6日,《教育部关于进一步加强普通高校高水平运动队建设的实施意见》(教体艺〔2017〕6号)出台,从优化项目布局、规范招生、严格管理、妥善处理学训矛盾、普及运动项目等多个方面,提升高校高水平运动队的内涵建设。2019年2月3日,《教育部办公厅关于公布2019年普通高校高水平运动队技术调整结果的通知》(教体艺厅函〔2019〕8号)出台,要求加强对生源不足、开展效果不好、普及程度不高的运动项目的调整力度,重点发展足球等项目,引导高校高水平运动队逐步进入规范化发展阶段。

二、政策的再度升级

随着教育现代化和体育强国建设的深入推进,如何进一步规范高校高水平运动队的建设和管理,探索在国民教育体系下如何通过体教融合培养优秀的体育后备人才,成为新的任务。为创新人才培养模式,有效集聚体育系统和教育系统的优势资源,培养高水平的竞技体育人才,2020年9月,国家将高校高水平运动队纳入国家竞技体育后备人才培养序列,选拔优秀运动员、运动队进入省队和国家队,代表国家承担国际比赛任务。这一举措既明确了高校高水平运动队的培养主体,又提出了高校高水平运动队服务于国际比赛的目标任务,标志着在全面深化、体教融合的背景下我国高校高水平运动队的建设已进入提质增效的新阶段。

为深化高校高水平运动队的考试招生改革,提升体育后备人才培养的质量,2021年9月24日,《教育部、国家体育总局关于进一步完善和规范高校高水平运动队考试招生工作的指导意见》(教学〔2021〕2号)出台,在优化招生项目范围、严格报考条件和资格审核、改进考评方式、加强入校管理等方面提出了明确的要求。为强化高校高水平运动队的内涵建设和规范管理,2022年1月28日,《教育部关于进一步加强普通高等学校高水平运动队建设管理的意见》(教体艺〔2022〕1号)出台,对高校高水平运动队的科学管理做出系统安排,目标是通过深化体教融合,创新优秀竞技体育人才的培养方式,服务于国家重大赛事任务和人才培养体系,进一步升华新时代高校高水平运动队的功能定位。

这些政策的紧密出台,将加快提升高校高水平运动队建设的内涵,有利于培养德、智、体、美、劳全面发展且具有精湛竞技体育水平的运动员,不断满足国家对全面发展型竞技体育人才的需求。

2020年9月22日,国家体育总局、教育部联合印发《关于深化体教融合 促进青少年健康发展的意见》,提出加强体育传统特色学校和高校高水平运动队的建设,对在体教融合机制下培养高校高水平运动队提出了新的要求。2021年10月25日印发的《"十四五"体育发展规划》提出"支持高校组建高水平运动队……畅通高校优秀学生运动员、运动队进入省队、国家队渠道",进一步明确了高校高水平运动队建设的目标任务。在深化体教融合和建设体育强国的双重背景之下,总结我国高校高水平运动队的发展历程和建设经验,提出高校高水平运动队规范管理的优化策略,对于提升新时代高校高水平运动队的建设水平具有重要意义。

此外,近几年(特别是2021年以后)高校高水平运动队的招生要求和文化课成绩录取"门槛"有了显著提高。例如从2024年开始,高校高水平运动队的报考资格门槛提高为获得国家一级运动员及以上技术等级称号者方可报考,同时文化课成绩的录取要求也相应提高。这体现了国家对高校高水平运动队整体素质的更高要求。

总的来说,高校高水平运动队的发展经历了从小规模平稳发展到快速发展,再到稳定与提高的阶段。在未来的发展中,高校高水平运动队将继续探索更有效的管理模式和训练方法,以提升运动队的整体水平和竞争力。

第三章　高校高水平运动队的整体建设

第一节　高校高水平运动队的生活建设

一、高校高水平运动队生活建设的现状

现阶段大部分运动员，客观地说，具有敢想敢说、勇于发表自己见解的优点。但是，处于市场经济大潮下，部分运动员特别是有名气的运动员，被社会上一些不良风气影响，其价值取向逐渐发生偏移，拜金主义、个人主义、享乐主义思想抬头。有些时候，个别运动员甚至会以奖金的多寡来决定自己是否参加比赛，国家荣誉、集体荣誉被远远抛在脑后，缺乏对国家和社会的义务感、责任感。

同时，生活水平的提高和独生子女的家庭结构，也使得运动员独立生活的机会减少，自理能力较差，普遍存在怕苦、怕累、怕难及自我意识过强等品性，艰苦奋斗精神缺乏。此外，由于运动员的文化学习不系统，社会交往渠道单一，对生活的了解不深，对社会的认识不全面，所以他们期待能有更多时间与别人交往，会主动寻求交往机会，为此有时会出现违反运动队纪律的现象。

正确价值观的建立，能够让运动员在训练中或者平时的生活中遇到困难和挫折时，有正确的判断力和执行力，也能够让运动员在重大的比赛（如全国大学生运动会、奥运会）中摆脱各种名利和诱惑的干扰，摆正心态，努力拼搏。一个技术优秀的运动员是否身心健康，是他（她）能否继续走下去的关键所在。

随着现代社会的发展和进步，运动员的自我意识都逐渐增强，这种

情况已经是不以人的意志为转移的客观存在。若是仅看重机械的训练,心思全用在金牌上,不关心运动员,甚至完全忽略运动员的尊严,不反思和改进不科学的教学方法和技巧等,必然会导致运动员产生不满的情绪,导致高校高水平运动队的管理目标很难实现。

此外,还存在思想教育建设不足的问题。很多专业运动队的思想教育形式比较单一,尚未树立"全员育人"的教育理念,思想教育作用的落脚点常常仅体现在服务层面。

二、高校高水平运动队生活建设的目的与意义

如今,校园中几乎每个学生都有笔记本电脑、台式电脑或者手机,人与人面对面的交流越来越少。这种状态持续久了,学校的生活和训练就会变得枯燥无味,长期在虚拟世界中"遨游"的学生其身心健康会受到巨大的影响。尤其对于高校高水平运动队,要想提高运动员的训练水平和竞技成绩,良好的生活习惯必不可少。文化体育活动等有益的活动,有利于向运动员提供交流的现实舞台,运动员可以感受到集体的温暖和队员的帮助,学习到不同的沟通技巧。在这种文化体育活动中,学生可以逐渐树立起集体意识,感受到集体主义精神,思想境界不断升华,竞技成绩也会随之提高。

模仿也是运动员培养良好的学习习惯和生活习惯、不断提升自信心的一个重要手段。在校园的团队活动(如篮球比赛、足球比赛等)中,运动员往往把活跃的队员视为"明星",对目标人物产生强烈的认同感,在外表、着装、性格、行动、技能等方面不断地模仿自己心仪的目标人物,以此改变和完善自己,向自己心目中的榜样人物看齐。

此外,随着社会竞争日益激烈,一个人要想在社会上站稳脚跟,必须具备良好的心理素质,心理素质是一种极其重要的能力。实践证明,良好的生活习惯对于缓解和调节学生的心理状态,增强学生的心理素质,弥补学生的心理缺陷,具有其他教育方式无法替代的作用。良好的生活习惯不仅有利于锻炼运动员的意志,还能培养运动员平静的心态,对于缓解心理压力有一定帮助。

三、高校高水平运动队生活建设的主要内容

(一)生活作风

生活作风是指一个人的人格和品德在日常生活中的表现,是一个人的道德水准和精神境界的反映。运动员个人在生活中要养成良好的生活习惯,要抵制奢靡享乐主义、拜金主义等思想。

高校高水平运动队要建立良好的生活作风,就需要运动员时刻锤炼自己,同时控制好自己的私欲,保持遵规守矩、积极向上的生活态度。运动员在日常生活中应坚持:第一,立场坚定,具有较高的政治素养,积极拥护中国共产党的领导,始终坚持学习习近平新时代中国特色社会主义思想及党和国家的其他基本理论知识,认真贯彻执行党的路线、方针、政策,这是可以完善和提高自身素质的重要途径;第二,勤奋学习,努力训练,认真完成运动员的训练任务,努力提高自身的技术专业水平。

(二)道德观念

道德是人们在社会生活实践中形成的关于善恶、是非的观念、情感和行为习惯,并依靠社会舆论和良心指导的人格完善及调节人与人、人与社会、人与自然关系的规范体系。道德观念是人们对道德实践活动中各种关系及处理这些关系的准则的系统认识和看法。高校高水平运动队的生活建设应该包含对运动员思想道德观念的建设,包括提高道德觉悟、陶冶道德情操、锤炼道德意志、树立道德信念、培养道德品质、养成道德习惯等。一个运动员或一个运动队如果缺乏目标,缺少过硬的思想品质和顽强的比赛作风,要想在竞争激烈的比赛中取得胜利,是非常困难的。建立一个团结且有战斗力的集体,在思想认识、生活作风、行为规范、道德修养等方面长期严管狠抓,一直是建设、管理高校高水平运动队的重要内容和工作方法。我国高校高水平运动队对运动员的思想管理主要分为两部分进行:一部分由班主任或辅导员组织进行,

另一部分由高校高水平运动队的领队和教练员组织进行。班主任或辅导员把运动员视为普通的大学生对其进行思想教育,一般以集体教育为主,个人教育为辅;领队和教练员则根据每个运动员的实际情况对其进行思想教育,一般以个人教育为主,集体教育为辅。两部分教育只有相互支持、相互配合,才能做好运动员的思想管理工作。

(三)家庭观

习近平总书记指出:"要坚持以社会主义核心价值观为统领,树立新时代的家庭观。"新时代的家庭观体现在爱国爱家的家国情怀、相亲相爱的家庭关系、向上向善的家庭美德、共建共享的家庭追求等方面。从社会设置来说,家庭是基本的社会设置之一,也是人类最基本、最重要的一种制度和群体形式,是幸福生活的一种存在。家庭教育的好坏,小则关乎运动员的健康成长,大则关乎社会的和谐稳定。而对运动员来说,由于日常生活、训练基本都在运动队里度过,在其整个运动生涯中,运动队之于他们的意义,就如同家庭之于他们的意义,也就是说,运动队就是运动员的家。队风廉洁自律、和顺美满,能帮助运动员有效地抵御物欲,防止道德堕落,有效化解追名逐利、奢侈享乐等不良风气的熏染,从而构建良好的高校高水平运动队的队风。

(四)交友观

交友观,简而言之,指面对交友问题时的不同观念和抉择。朋友是我们沟通的对象,是除亲人和老师外能使我们敞开心胸说话的人。交友是我们的正常需求,无论哪个时代的人都需要交流,朋友间的交流有媒体不可替代的作用,因而我们要树立自己正确的交友观。运动员长期待在运动队里,接触的人员相对单一,而在同一集体中,有的人品质优秀,有的人行为粗鲁,有的人积极向上,有的人消极负面,这就更需要运动员有正确的交友观和价值观,形成良好的交友准则,远离消极的朋友,分辨得出什么才是真正的友情。

(五)生活情趣

生活情趣是人类对精神生活的一种追求,对生命之乐的一种感知,是一种审美感觉上的自足。每个人都有自己的生活情趣,好的生活情趣可以起到放松紧张情绪、驱走身心疲惫、享受生活美好、陶冶高尚情操的作用,甚至可以提升人格魅力。生活情趣有雅、俗之分:高雅的生活情趣有益于个人的身心健康,相反,庸俗的、不健康的生活情趣会伤害个人的身心健康。在高校高水平运动队中,培养运动员建立高雅的生活情趣,是生活建设的重中之重。

(六)生活观

生活观,顾名思义,指一个人对待生活的态度及其观点。本质上,生活观既是人生观的问题,也是价值观的外部表现形式。当前的社会发展错综复杂,各种文化和思想不断碰撞,运动员作为我国社会的一个重要群体,承担着深化改革、推进社会主义现代化建设和实现体育强国的重任。运动员普遍思想活跃、精力旺盛,善于接受新鲜事物,培养良好的生活方式和树立正确的生活观、价值观是促进运动员全面发展的重要方式之一。生活观包括学习观、就业观、消费观、恋爱观、挫折观等,这里重点说一说艰苦奋斗的精神。尽管我国的社会主义现代化建设取得了举世瞩目的成就,但我国仍是发展中国家,处于社会主义初级阶段的基本国情并没有改变。习近平总书记强调:"能不能坚守艰苦奋斗精神,是关系党和人民事业兴衰成败的大事""我们要弘扬这种艰苦奋斗精神,不仅我们这代人要传承,我们的下一代也要弘扬,要一代一代地传承下去"。要实现中华民族伟大复兴的中国梦,还有很长的一段路要走,还需要长时期的艰苦奋斗。因此,艰苦奋斗的精神永不过时,艰苦奋斗的传家宝任何时代都不能丢,艰苦奋斗的精神必须代代相传。

四、高校高水平运动队生活建设的实施路径

(一)适当培养自身的兴趣爱好

生活中有什么样的爱好,可以反映出一个人的生活情趣、价值观念和品位修养。生活中有爱好是好事,特别是健康的爱好,可以陶冶高尚情操,提升生活品位。运动员如有健康的爱好,更能体现其高雅的修养,彰显其积极健康、阳光乐观的人格魅力。因此,运动员应做到以下两点:其一,培养健康的爱好,如看电影、听音乐、练书法、阅读等;其二,有爱好,但不沉迷于爱好(有爱好是好事,但要"爱"之有道、"好"之有度,千万不能被爱好"绑架")。

(二)强化队内教育培训,提高自身修养

不管是个人还是集体,生活方面出现问题的根本原因多是放松了个人修养,缺乏坚定的理想信念,人生观、价值观和世界观出了问题。解决这一问题的方法,一是要加强个人、集体的马克思主义理论学习;二是以主题教育为契机,在全体队员中大力开展党的组织纪律和规章制度教育,增强运动员的党规党纪意识和底线红线意识,强化政治意识、大局意识、核心意识、看齐意识;三是加强对运动员优秀传统文化和社会主义核心价值观的教育,引导运动员从传统文化中汲取力量,认真学习社会主义核心价值观,重家教,立家规,传家训,树家风,严守日常生活伦理,严守国家法律法规和党章党纪,并在日常训练、比赛中加以落实;四是加强运动员的廉政文化教育,通过各级党校、干部教育学院的系统培训,尤其是各级党组织的宣传和动员,在队内大力倡导廉洁之风,形成风清气正的环境。

(三)加强对运动员健康生活方式的引导

加强对运动员健康生活方式的引导,要做到以下几点:一是要加强宣传引导,要在全队内大力宣传优秀队员和先进模范的事迹,深刻解剖、总结、反思违反规定的典型案例,倡导积极、健康、向上的日常生活方式;二要擦亮双眼,明辨良莠,分清忠奸,纯洁交友动机,划清利益界限,保持清醒头脑,不交往无德之人、无义之人、无耻之人;三是掌握权力的队内领导干部,在处理朋友关系时一定要坚持原则、守住底线,同时教育运动员慎独、慎初、慎微、慎友,时刻保持自重、自省、自警、自励,做到洁身自好。

（四）充分发挥各级监督的作用

一是要加强队内监督,严格执法、执纪。以校规校纪和队内纪律为准绳,制定实施细则,把纪律和规矩放在前面。二是要充分发挥队员和教练员的监督作用。制定相应的制度和措施,开展对高校高水平运动队活动的监督,鼓励队员之间的相互监督。三是发挥网络监督作用。以校内违规举报网站为核心、社交网站为辅助,鼓励和支持运动员运用网络平台与移动终端,随时随地监督、举报违纪违规行为。四是发挥学校监督的作用,鼓励学校团体组织和个人依据法律法规与校规校纪赋予的权利,以批评、建议、检举、申诉、控告等方式,对运动员的日常生活进行监督,约束运动员的日常行为,从各个方面加强高校高水平运动队的生活建设。

第二节　高校高水平运动队的纪律建设

一、高校高水平运动队纪律建设的现状

"没有规矩,不成方圆。"纪律建设无论在战争年代还是和平时期,都有其迫切性和必要性。高校高水平运动队的纪律建设主要体现在两大层面:一是队内干部职工和教练员,二是运动员。

一方面,干部职工、教练员队伍的思想、纪律、作风等方面存在突出问题和管理漏洞。一是政治站位不高,规矩意识、纪律意识淡化,制度执行不到位;政治敏锐性不强,对出现的歪风邪气和不良现象不抵制、不斗争,听之任之,袖手旁观,甚至推波助澜;自律意识不强,律己不严,在工作中大事做不来,小事不愿做。二是大局意识不强,存在本位主义思想,不能站在运动队的角度考虑问题、谋划工作,怨天尤人,不顾大局,对集体形象不维护,不服从领导安排。三是进取精神减退,不敢担当,不愿负责,缺乏事业心、责任感,干部队伍凝聚力、战斗力不强,工作敷衍塞责,办事推诿拖拉。

另一方面,有些运动员的纪律意识不强,对个人和集体都带来了负面影响。一是理想信念淡化。随着社会转型,部分运动员的世界观、人生观、价值观发生偏差,把"钱"当作个人价值的唯一衡量标准,工作中、训练中讲条件、要待遇,只要满足不了要求,就闹情绪、撂挑子。二是担当能力不足。有些人担当不足、安于现状,消极训练,在训练任务上拈轻怕重,在训练岗位上挑肥拣瘦,遇事明哲保身,面对名利却又争又抢,出不了成绩只找客观原因而不找自身原因,平平安安占位子,庸庸碌碌混日子。三是勤学苦干精神不够,贪图享乐主义严重。好的成绩都是训练出来的,优秀的运动员往往都付出了常人无法想象的努力。但是,有的运动员缺乏吃苦精神,训练中偷懒,训练后也不顾队内规定,个人纪律意识淡薄。

二、高校高水平运动队纪律建设的目的与意义

高校高水平运动队必须突出教育原则,在保证运动员德、智、体、美、劳全面发展的基础上,突出体育特长。其中,纪律建设作为运动员全面发展的重要保障,可以通过训练和比赛对运动员的纪律意识进行培养。在队内建设良好的纪律作风,是高校高水平运动队纪律建设的核心内容之一。具备良好纪律作风的运动队有以下特征:高度的责任意识,强烈的竞争进取的氛围,良好的团结协作精神,高尚的牺牲奉献精神。

进入高校高水平运动队的运动员也是在校学习的大学生,是祖国未来的建设者和接班人,同样肩负着振兴中华的重任。运动队在培养他们良好的体育素质、技术水平的同时,更应着重培养他们良好的纪律意识。高校高水平运动队纪律建设的核心是要在全队运动员中树立具有鲜明的社会主义时代特点的正确的价值观和行为规范,最终形成运动队的集体意识,强化运动队的教学、训练、比赛及管理,促进教育质量和训练效率的提升。良好的纪律作风一旦形成,运动员就会将自己的言行与集体联系起来,对自己所在的队伍产生责任感、使命感、荣誉感与自豪感。下面重点讲述纪律建设的四大意义。

一是能产生内部的趋同性。良好的纪律作风会对运动员产生一种无形的压力和束缚，迫使他们在情感和信念上与环境相适应。长此以往，就会形成全体运动员的共同情绪，从而使个体和集体在言行上协调一致，为完成集体目标、提高训练效果共同努力。

二是能增强内部凝聚力。良好的纪律作风一旦形成，运动队内部就会出现团结、友爱、协作的氛围。和谐的集体，为每个运动员的全面发展都创造了有利条件，使运动员在各种情况下，尤其是在运动队遭遇不利的情况下，仍能保持团结，形成牢固的向心力。

三是能形成坚强的战斗力。优良的纪律作风虽然不是有形的规章制度，也无法有确定的强制效力，但它却比有形的规章制度更有效。它蕴含着纪律建设的目标、作风、价值观，是经过长期熏陶、感染，在潜移默化中形成的个体运动员的共同信念和习惯。运动员在这种共同价值观和信念的作用下，感情一致，意志集中，对集体的发展和面临的挑战具有强烈的责任感与使命感，容易形成团结战斗、荣辱与共、努力拼搏的好局面。

四是能对外部环境产生积极的影响力。加强纪律建设，形成良好的纪律作风，把高校高水平运动队作为精神文明建设的重要阵地，可以影响和优化外部环境，推进全校、体育界乃至全社会的精神文明建设；用运动员的精神面貌、道德风尚感染社会，改变社会对体育人才的陈旧观念，也有利于竞技体育运动的发展和《全民健身计划纲要》的实施。

三、高校高水平运动队纪律建设的主要内容

学校纪律指学校制定的、用以约束教师与学生行为的规范和规则。纪律作风代表着高校高水平运动队的形象，是一个高校总体素质的体现。从大的方面说，纪律作风是整个学校的形象；从小的方面说，纪律作风是每一个运动员的形象。作为高校高水平运动队的一分子，做一个有原则、有底线的运动员，才是真正意义上一个站立的人，才能成为对祖国有用的人。

高校应始终坚持把运动员作为一个普通大学生来教育和培养,关心帮助、督促指导他们积极主动地参与纪律建设,养好守纪律、守规矩的习惯,尽快地适应大学生的学习和生活,同时在宗旨意识、责任意识、规矩意识等方面严格要求自己,从而在队内形成良好的纪律作风。

(一)宗旨意识

意识是心理学中的一个核心概念,一般认为是人对环境及自我的觉知,与注意、觉察、理解、思维等概念密切相关。学习的根本宗旨是学以致用,我国体育工作的根本方针和任务是"发展体育运动,增强人民体质"。因此,高校大学生的宗旨意识也是新时期运动员纪律建设的关键,其目标意识的强弱直接关系到运动员对高校高水平运动队及国家的忠诚度。现实情况是,目前广大高校高水平运动队的宗旨意识都比较强,绝大多数运动员在专业学习和训练、校园文化活动及日常生活中,能够牢记并自觉践行高校高水平运动队和学校的宗旨。但也必须清醒地认识到,还有极少数运动员宗旨意识比较薄弱,思想水平较低,这小部分人的违规违纪行为会在高校高水平运动队中造成恶劣影响。所以,应加强对运动员宗旨意识的塑造,增强运动员的自觉性和责任感,从而建立高校高水平运动队的纪律作风。

(二)责任意识

责任意识是一种自觉意识,也是一种传统美德。责任是一种能力,是一种精神,更是一种品格。"天下兴亡,匹夫有责"强调的是热爱祖国的责任,"择邻而居"的故事讲述的是父母教育子女的责任……由此可见,我国自古以来就重视责任意识的培养。强化运动员的责任意识,就是要让他们清楚明了地知道什么是责任,认真、自觉地承担起自己的社会责任,并转化为个人的实际行动。责任意识不是一朝一夕能培养出来的,对责任意识的培养要融于运动员的日常训练和学习之中。高校高水平运动队应加强责任意识教育,营造负责光荣、不负责可耻的氛围,培养运动员敢于负责、敢于担责的精神。

(三)规矩意识

一个运动员或一个运动队如果没有目标,没有过硬的思想品质和顽强的比赛作风,要想在竞争激烈的比赛中取得胜利,那是绝对不可能的。高校高水平运动队要想成为一个团结的、具有战斗力的集体,必须在思想认识、生活作风、行为规范、道德修养等方面长期坚持严管狠抓。其中,培养规矩意识一直是高校高水平运动队纪律建设的一个重要内容和工作方法。为此,高校应建立体育部与学院、教练员与辅导员的协作管理机制,共同加强对运动员规矩意识的培养和管理。

四、高校高水平运动队纪律建设的实施路径

纪律管理无小事。各高校高水平运动队要高度重视纪律建设,在保质、保量完成日常训练任务的同时,既要绷紧纪律弦,更要严把管理关,教练员要以身则,配合做好运动员的教育、管理等各项工作,查找队伍中存在的管理漏洞和问题,有针对性地开展纪律建设工作。

(一)积极提高运动员的纪律意识

全体教练员、运动员要切实提高对纪律建设的重要性、必要性的认识,增强大局意识、团结意识和集体主义精神,坚持解放思想、实事求是、与时俱进,围绕强化体能、恶补短板、全力备战的工作重点,积极谋划,狠抓落实。要持续强化高校高水平运动队的思想政治工作,增强运动员、教练员和管理人员遵守体育训练行为规范的纪律性,将保持优良的纪律作风提高到落实党中央要求的高度来认识,提高到保持和提升运动队竞争实力的基础工作来抓实,办人民满意的运动队,办和谐、安全的运动队,培养全面发展的优秀体育人才。要坚持教育为先、预防为主,加大高校高水平运动队纪律建设的力度。常态化、大力度深入开展运动队纪律教育,持续提高运动员的思想政治水平、纪律素养,在队内形成遵守纪律、团结友爱、互助共进的良好氛围。

运动员作为大学生,应当有坚定正确的政治方向,热爱社会主义,拥护共产党的领导,勤奋学习,努力掌握现代科学文化知识,提升竞技体育水平,立志成为有理想、有道德、有文化、有纪律的社会主义现代化体育事业的合格人才。在日常生活中自觉遵守队内纪律:一是坚持实事求是的原则,在队内说话、做事有事实依据,正确开展批评和自我批评;二是注重个人品德修养,遵守队内纪律准则,如服饰整洁、讲究卫生、举止得体、尊重他人等;三是遵守外事纪律,在外出比赛、学习、训练时,不做有损运动队风貌的事,恪守运动队的管理规定。

(二)建立、健全各项规章制度

要坚持以制度为基准,强化运动队的纪律建设。各高校高水平运动队要健全日常管理制度和训练管理制度并落实到位、督导到位,持续严肃队规队纪,依法依规处置纪律作风事件。要坚持机制创新,确保高校高水平运动队的纪律建设取得实效。建立具有长效性、稳定性和约束力的纪律作风问题防止与处理机制,加强监督指导和全面统筹,对查出的问题进行彻底的整改。要以反面事例和反面教材为警示,时刻警醒运动员,严格要求队内队员自查自纠,强化责任监督,绷紧纪律意识这根弦,严抓纪律管理不放松,确保规章制度刚性执行,不打折扣。

(三)加强教练员驻队值班等管理工作

高校高水平运动队的管理体制应是在学校统一领导下的,教务处、学生处、体育部共同管理的教练负责制,因此,教练员作为纪律建设的主要负责人和责任人,任务重大,需要在保证自身纪律作风够硬、给运动员以良好榜样作用的同时,严格要求队员养成纪律意识,形成纪律作风。教练员对运动员要全面负责,既管"练"又管"导",关心运动员的学习、思想,经常与班主任、家长联系以了解运动员在学校中、在家中的情况,互通信息,共同做好运动员的思想工作。在驻队期间,严禁教练员有擅离职守、脱岗漏岗、联系不畅、饮酒等违规违纪行为。同时要落实主体责任,对违反管理制度和纪律整顿制度的教练员严厉问责。

要坚持管理为重,丰富高校高水平运动队纪律作风的建设手段。加强训练中、训练后的运动队管理,强化值班和监管;提高运动队纪律治理的人防、物防、技防能力;在尊重隐私的前提下,完善相关区域视频、声音监控设施;设立纪律作风相关问题举报电话,受理相关投诉;领队、教练员的日常训练、管理等工作要注意方式方法和行为、语言的尺度;建立运动员家庭与队伍的联系平台,加强常态化沟通;引导各高校高水平运动队加强运动员的思想品德教育和文化学习,强化对进入省队优秀运动员的思想品德素质的考察。

(四)构建科学的奖惩机制

各高校高水平运动队要对照纪律整顿实施方案的相关要求,对各自存在的问题做进一步的检查和梳理,并列出改进时间表,在以后的工作开展中逐条一一对照进行整顿。要坚持"惩"字当头,严惩队中的"害群之马"。要狠抓重点,对重点运动中心、重点运动队进行重点整治。对于纪律建设出现问题的运动队,管理人员、领队、教练员、运动员都须被重点监控,一旦出现问题,必须按相应制度执行惩罚。同样,对于纪律建设做得好的运动队,也应对上述人员进行奖励,激发他们继续维持好纪律作风的积极性,保持整个队伍高水平的纪律素质。

第三节　高校高水平运动队的训练建设

一、高校高水平运动队训练建设的现状

随着我国竞技体育体制改革的不断深入,我国对竞技体育后备人才的培养转变为"体教结合"的培养模式。纵观其他体育强国的竞技体育现状,足以发现,高校是竞技体育后备人才的主要培养地。高校体育的重要任务之一是紧密结合高校特点,增强运动队管理人员、教练员与运动员遵循体育训练行为准则的自觉性,抓好高校高水平运动队的训练与管理。完成这一任务,必须进一步加强运动队的训练建设,不怕苦,不怕累,始终坚持"三从一大"(从严、从难、从实战出发、大运动量训练)的科学训练方式,努力超越自我,实现梦想;加强反兴奋剂工作的宣传、教育与管理,始终牢记"不虑于微,始成大患"的道理。

训练作风是运动员在训练的过程中思想精神素质的内化体现。好的训练作风包括统一的思想、积极的心态、严明的纪律、严格的要求、配合的意识、吃苦耐劳的精神等。运动队的训练作风是一个运动队的行为取向和风格特点,反映的是一个运动队用什么样的思维方式、什么样的精神状态对待训练与比赛,用什么样的方式来实现运动队的训练、比赛目标。那么对改进一个运动队的风气来讲,抓好训练建设是重中之重,训练作风的好坏直接关系到训练质量的高低,关系到比赛战斗力的强弱。

高校是培养人才,生产和传播新知识、新思想的重要基地,具有深厚的文化底蕴与强大的教育功能,是先进文化的代表者,在国家创新体系中具有十分重要的地位。对高校高水平运动队的建设与培养,要坚持以习近平新时代中国特色社会主义思想为指导,全面贯彻党的教育方针,落实立德树人根本任务,弘扬体育精神,弘扬体育道德风尚,明晰工作定位,选拔、培养德、智、体、美、劳全面发展且具有较高竞技体育水平的学生,为奥运会、世界大学生运动会等重大体育比赛和国家竞技体育后备人才培养体系提供人才支撑。

众所周知,训练与比赛的关系密不可分,成绩始终源于训练效果与临场发挥的双重作用。在体育比赛中,作风的体现是瞬时的,在平时训练中深度贯彻优良训练作风的培养和积累,才会有优良体育精神的体现。因此,利用高校的优势,对运动员的训练作风进行培养,势在必行。

教练员作为运动队中最具权威和影响力的人物,负责运动队的训练、指挥及教育、管理,是指引运动员实现奋斗目标的领导者。教练员不了解培养运动员训练作风的方式方法,很大程度上就会影响运动员训练作风的养成。俗话说:"强将手下无弱兵。"教练员的各种行为对于运动员训练作风的培养和形成同样具有重要的作用。强化运动队训练作风的建设,就是要避免运动员勤练苦干精神不够、竞赛作风不严实,以及教练员创新钻研能力不足等问题。只有通过坚持不懈的严格管理,强化训练作风的建设,方能把高校高水平运动队打造为一支真正的威武之师、文明之师,成为能够代表中华民族体育精神的坚实力量。

二、高校高水平运动队训练建设的目的与意义

历史昭示未来,征程未有穷期。过硬的训练作风过去是、今天是、将来也是高校高水平运动队保持先进性,凝聚人心、汇聚力量的关键所在。党的十八大以来,以习近平同志为核心的党中央多措并举,推进作风建设,以加强和改进作风的新成效进一步赢得了广大人民群众的信赖与支持,厚植党执政的政治基础和群众基础,这些举措为高校留下了宝贵的历史经验。高校高水平运动队要结合并运用好这些作风建设的历史经验,把好传统带到新征程,将好作风弘扬在新时代。教育是实现中国梦的基石,体育教育亦是新时代人才培养的一个重要环节。高校高水平运动队是高校体育工作的重要文化载体和文化输出方式:一方面,需要高校在培养优秀体育人才的同时,树立良好的精神文明作风,这是高校校园文化的"明信片",亦是影响运动队成绩的重要因素之一;另一方面,为国家培养全面发展的运动员,可以提高中国文化综合软实力。因此,加强高校高水平运动队的训练建设,意义重大。高校高水平运动队的训练作风就是高校的形象,关系着高校高水平运动队的生死存亡。对高校高水平运动队来说,训练作风与训练本身具有同样的意义,运动员在科学文化知识、社会道德、法律意识等综合素质方面的提高是社会对高校高水平运动队的肯定,也是他们将来在体育行业发展和提高的重要基础。高校高水平运动队的训练建设不仅对中国未来高水平运动队的发展有着至关重要的影响,而且对中国竞技体育运动的开展和竞技运动水平的提高起着积极的促进作用。只有坚定的信仰与信念,铁一般的纪律和使命担当,才会培养出无愧于党的培养、无愧于人民的期望的运动员,运动员也才会创造出时代的辉煌业绩。

三、高校高水平运动队训练建设的主要内容

训练作风是运动员在训练时对待日常训练的一种价值和态度取向,也是运动员在训练中长期养成的一种训练风格,是运动员的思想精神和素质的综合体现。

(一)精神境界

精神境界是人在寻求安身立命之所的过程中所形成的精神状态。它指人的精神世界或精神品质的层次、水准和境域。人的精神境界的高低,表现为思想水平、道德水平、审美水平和终极关怀水平的优劣。就运动员个人而言,需要一种不断追求、持之以恒、努力拼搏的精神境界;就高校高水平运动队而言,需要一种团结合作、沟通理解、宽容友爱的精神境界。只有不脱离这种精神境界的运动训练,才能完全提高运动员参与专项体育运动的热情,并起到相互促进、共同提高、尊重生命的作用。

(二)训练态度

训练态度是运动员对待体育训练活动所持有的认知评价、情感体验和行为意向的综合表现,是运动员对训练持有的进取、肯定或者消极、否定的一种心理倾向。训练态度可分为进取与消极两种类型:进取的训练态度表现为虚心求教、勤奋进取、全力学习、循序渐进、坚韧不拔、学以致用,做到有雄心、决心、信心、恒心、爱心、责任心;消极的训练态度表现为对训练的重要性认识不足,有厌学情绪,训练行为消极、被

动,缺乏热情和信心、恒心。对运动员来说,想要出成绩,训练态度十分重要。训练态度影响着训练效率,一个正确的训练态度有利于运动员运动水平的提高,运动员具有积极主动的训练态度,就说明他对训练的意义有明确的认知,懂得训练的重要性,在训练中能够不断体验到成绩取得进步的愉悦心情,在训练中遇到困难和其他分心的事能够主动克服,坚持完成规划好的训练任务和目标。

(三)科学训练

科学训练是指在遵循科学原理和客观规律的基础上,训练主体本着科学的理念,采用科学的方法、手段,自觉(或不自觉)实施过程最优化、质量效果最大化、运动员潜能发掘最大化、综合训练效益最大化的选材、训练与竞赛的过程。高校高水平运动队的训练是否科学,是训练建设的关键,只有科学的训练才能真正为运动员打好身体、技术和良好的思想品德、心理素质等基础,提高运动员的技术水平,为输送优秀的体育后备人才和群众体育骨干服务。

(四)进取意识

进取意识指做人要有积极向上的理想和追求,如运动员职业道路的成功,以及对社会的重大贡献,等等。"吾将上下而求索",对运动员来说,就需要这种进取意识。进取是一切成功、一切事物向前发展的根本。所谓"强者",体现的就是一种永远进取的精神。运动员要时刻保持积极进取的训练态度,树立强烈的责任感和良好的职业道德,做到对待自己的训练和学习全力以赴,时刻保持对运动训练的持久热忱,积极主动地向教练、队友学习专业知识,从多种渠道吸收知识信息,不断提高自身素质和专业素养,发扬更高、更快、更强的体育精神,始终保持蓬勃的朝气和昂扬的锐气。"生命不息,奋斗不止",进取心也是一种积极向上的人生态度,是对自己负责、对训练和学习负责的外在表现。有了进取心,运动员才可以充分挖掘自己的潜能,发挥自身的作用。

四、高校高水平运动队训练建设的实施路径

(一)着重思想教育,深化训练建设

要常态化、大力度地开展运动员的思想道德、职业道德、法治、心理健康、文化教育,持续提高他们的思想水平、文明素养和文化素养,在队内形成团结友爱、互助共进的良好氛围。首先,高校领导、教练员应当提高政治站位,确保运动员的训练作风导向正确,要教育、引导高校高水平运动队的领导干部、教练员坚持用习近平新时代中国特色社会主义思想武装头脑,充分认识到训练建设在体育训练中的突出作用,以习近平总书记建设体育强国的系列讲话为指引,用党的二十届三中全会精神作为思想之绳,将高校、运动队、运动员、人民群众凝聚在一起,进一步增强历史主动精神,在新征程上不断把训练建设推向深入。各高校要进一步提高对训练建设的认识,将保持优良的训练作风提高到落实党中央要求的高度来认识,提高到保持和提升运动队竞争实力的基础工作来抓实,办人民满意的运动队,办和谐、安全的运动队,培养全面发展的优秀体育人才。

(二)激励与监督相结合,制定科学的训练目标

对高校而言,训练作风体现整个高校的精神风貌,是对外的形象,只有优秀的训练作风才能吸引到更多有天赋的运动员加入,才能形成良性循环。《吕氏春秋》有言:"天下之士也者,虑天下之长利,而固处之以身若也。利虽倍于今,而不便于后,弗为也。"这段话告诫世人要有战略眼光,勿为一时一地的利益所动,损害长远利益。人才是推动高校发展、赢得高校间竞争的关键因素,对于实现高校在新时代的目标任务、实现我国大学跻身世界一流大学,具有重大的现实意义和深远的历史意义。

高校要培育具有良好技术水平的运动员,要建设一支训练作风优秀的运动队,只有坚持用科学有效的规章制度管理人才,制定科学的训

练目标,激励与监督相结合,才能实现。深入实施新时代人才强国战略,加快建设世界重要体育人才中心,"聚天下英才而用之"。首先,要坚持从严监督执纪,坚决杜绝"四风"问题。"四风"问题不只是个人问题,还容易污染一个队伍的整体风气,对此必须高度警醒、严肃纠治,坚决不搞"一言堂"。其次,运动员要开展自我批评,做优良传统的继承者,不能说训练效果不理想就盲目归结于运动员个人有问题,碰到典型反面案例,要点名道姓,公开通报,不遮遮掩掩,持续释放严格抓作风的强烈信号;要破立并进、纠树并举。再次,"行之以躬,不言而信",要引导运动员和教练员继承、发扬优良作风,勿忘苦难辉煌,无愧使命担当,不负伟大梦想,以过硬的作风埋头苦干、勇毅前行。最后,要把监督与促进干事结合起来,着眼于打造作风优良、积极进取的队伍。

(三)落实训练管理制度,提高训练创新精神

要坚持管理为重,丰富高校高水平运动队进行训练建设的手段和方法。例如加强训练中、训练后的管理,强化值班和监管制度;提高训练建设的人防、物防、技防能力;在尊重隐私的前提下,完善相关区域视频、声音的监控设施;设立训练作风问题举报电话,受理相关投诉;等等。新时代新征程,我们虽然没有了雪山草地的艰难险阻,没有了缺衣少粮的生活困难,但依然面临诸多重大困难、重大挑战、重大风险、重大考验。当下,少数高校高水平运动队甚至存在恶性"罢训"事件,这给高校敲响了警钟。要坚持以制度为基,强化高校高水平运动队的训练建设和法律保障。各高校高水平运动队要健全训练管理制度并落实到位、督导到位,持续严肃队规队纪,依法依规处置训练作风事件。

同时,还要坚持创新机制,确保高校高水平运动队的训练建设取得实效。

现在,我们的生活条件好了,但艰苦奋斗的精神一点都不能少,必须坚持以俭修身、以俭兴业,坚持厉行节约,以勤俭的原则办一切事情。

新时代艰苦奋斗的价值意蕴具有与时俱进的根本属性,同时也对运动员、教练员提出了更高的要求:坚持党的领导,强化政治统领;坚持学习和训练,强化风控意识。高校要善于抓住问题的关键与要害,坚持贯通历史与现实,加强与运动队、运动员的沟通交流,牢牢把握办实事这个根本落脚点,坚持创新与思考,永葆进取之心。

第四节 高校高水平运动队的体育精神建设

一、高校高水平运动队体育精神建设的现状

伴随着体育强国战略的提出,国内各高校相应组建各自的运动队,高校高水平运动队的体育精神问题,由此常常被教练员、运动员所提及,越来越受到重视。实践证明,体育精神是一种无形的战斗力,直接影响着高水平运动员在比赛中技术的发挥。体育精神是在特定的竞技项目发展战略下形成的,发展战略决定了项目的不同比赛作风。而我国大多数高校高水平运动队偏重于对体育基本技术水平提高的研究,对运动员的体育精神方面的研究相对缺乏。体育精神,不仅代表着运动员个人或运动队的整体素质,更体现了一个国家和地区的体育事业的发展状况,以及体育竞赛系统内部形成的风气。体育竞赛拥有显著的社会影响力,所以,高校高水平运动队对运动员良好体育精神的培养和训练,必然成为广大教练员关心和探讨的一大课题。当前,我国运动员在体育精神上整体表现是好的,但仍然存在一些不足:一是意志相对薄弱,体育精神不够顽强;二是个人主义突出,易冲动,时常忘记自己身后的团队,缺乏团队意识;三是大局意识薄弱,只顾眼前利益或个人荣誉;四是不能够正确对待逆境和失利,不能正确分析和看待问题,不能够及时地调整自己的心态;五是缺乏赛制意识,不尊重裁判和对手。

体育精神在整个体育界是长期存在的问题,各高校高水平运动队

在体育精神建设方面,可谓任重而道远。体育精神能够潜移默化地影响运动员在比赛中的行为意识,从而形成高尚的比赛道德品质,因此,这项建设势在必行,不可或缺。

二、高校高水平运动队体育精神建设的目的与意义

体育精神是运动员作风培养的最终体现,是运动员的思想精神、品质和意识在赛场上的综合体现,也是对思想作风和训练作风的一种检验。体育精神包括遵守规则、积极拼抢、勇猛顽强、团结协作、稳定心态、永不服输、尊重对手等。一切思想的准备和行为的训练都是为比赛这一终极目的服务的,体育精神的培养源于思想作风和训练作风的积累,并通过训练和比赛逐渐成熟。

在当下高校高水平运动队中,运动员不仅在身体素质、技术、战术、心态方面存在竞争,在体育精神方面也存在较量。体育精神是运动员体能、技能、战术能力发挥的基础,是充分发挥技术和战术的保证。一旦体育精神不顽强,比赛中必然经不起对手的冲击和高强度的对抗,技术、战术水平就没有发挥出来的机会。因此,高校高水平运动队取得优异比赛成绩不可或缺的一个因素,就是良好的体育精神。高校高水平运动队须研究、总结体育精神在比赛中所发挥的作用,找到培养运动员体育精神的行动指南。

三、高校高水平运动队体育精神建设的主要内容

体育精神是运动员的思想精神因素在实际运动中的体现,是运动员的思想修养、意志品质、拼搏精神、竞赛意识的综合表现。赛场上,体育精神到底是空洞的精神口号还是实质性的比赛能力,一直以来都备受争议,尽管赛前准备会上各队伍都会进行简短的关于体育精神的动员,而各类体育赛事也无数次证明,体育精神往往能成为弱队战胜强队的关键武器。我国国家队将体育精神视为队魂,对其的重视不言而喻。体育精神强调的是团结拼搏、永不言败,这种精神若能引领比赛、融入

行动,便能在比赛的每个环节体现出其对比赛能力的强大支持。一支队伍在比赛中展现出的气势,一名运动员在疲劳状态下坚守职责的意志力及在激烈争夺中完成的技术动作……这些比赛能力的背后,无一不渗透着体育精神的力量。在高水平体育比赛中,结果充满不确定性。在实力相差无几的比赛中,我们之所以只能预测比赛表现,而不能断言比赛胜负,其中一个主要原因,就是我们难以预测体育精神在场上对比赛能力的实际影响。

关于体育训练的理论教材中,长期以来,也仅重视成绩,而忽视了对体育精神的教育,这显然是不合理的,误导了运动员对比赛能力的全面认识。因此,无论是教练员还是运动员都必须明白,体育精神就是一种比赛能力,甚至可以说是比赛的核心能力。他们应当在训练课教案、训练课要求、训练课评价,以及每一次专项练习中,始终强调过硬的作风,这是提升体育比赛能力的需求,也是保障每次训练课质量的基本前提。

(一)竞争意识

竞争意识是一种心理状态,表现为以个人或团体的力量力求压倒或胜过对方。在当代社会,个人、团体乃至国家的发展中,都离不开竞争意识。有了竞争,就有了生机,就有了发展。有竞争意识的人会努力奋斗,以实现自己的目标,他们在有竞争力的团体中,也会有更好的表现。竞争就是不甘于平凡,追求卓越;竞争让个体变得完美,让团体变得更强,让整个社会变得更好。对高校高水平运动队来说,在树立竞争意识时,要坚决防止因不择手段而产生的消极因素,要以集体主义、社会主义思想作为指导,克服竞争、比赛中的消极面。

(二)团队意识

团队意识指整体配合意识,包括四方面:团队目标、团队角色、团队关系及团队运作过程。团队意识是一个整体的表现,一个团队需要有一个高度统一的灵魂。团队的发展是一步步的,虽然团队意识是一种无形的力量,但可以体现在团队的建设和成员的行为上。团队意识的形成和建立,往往会影响到整个团队的士气;团队合作的目的与使命感,远比个体的实力强弱更为重要。因为一支有团队意识的队伍,可以将自己的精神力转化为自己的行为,让团队的氛围变得更加融洽,每天的训练效果也会越来越好;缺乏团队意识的队伍,则会矛盾越来越深,队伍整体实力下降,最终导致队伍的配合和战斗力下降。高校高水平运动队及其队员必须有一种坚韧不拔的精神,这样才能将团队意识发挥到极致。

(三)心态调整意识

心态是人的一种心理状态,是一个人对待生活的态度。不同的人,由于家庭的环境不同,受教育的程度不同,自身的经历不同,其心态也是不同的。对运动员来说,日复一日的训练和学习会使其心态不断发生变化,有时难免会产生不好的心态,如焦虑、紧张、忧伤等。心态不好很容易影响自己的日常生活、学习和训练,以及和他人的相处,所以作为高校高水平运动队的一员,须时刻注意调整自己的心态。常见的调整心态的方法包括自我调整与矫正、自我心理暗示、听取他人意见、求助相关书籍、换角度看问题,以及寻求家人、朋友或老师的帮助。学会调整心态,不仅是一种修养、一种境界,更是一种智慧。

(四)遵守赛制意识

运动员须遵守关于比赛的一切规则和具体安排。凡事行之须有度,团队需要讲规矩,运动员也要切实遵守规则,正所谓"不以规矩,不成方圆"。制定规则一方面是为了使比赛具有公平性,另一方面是为了保护运动员不受到伤害。运动员要有赛制意识,把赛制深刻于心,在比赛中,运动员只有按照规则去比赛,才能让赛事变得轻松,成为一种享受,也只有遵守规则,才能真正做到超越自己、赢得胜利。

（五）大局观

大局观念要求运动员把目光放长远，把握好整体利益和局部利益之间的关系，分清主次矛盾，不因小失大，面对问题时能做出快速的反应和正确的决策，让整体利益最大化。对高校高水平运动队来说，每个运动员对赛场上的情况变化及日常生活中的环境变化，都需要具备大局观。培养运动员的大局观，不仅有利于提高个人素质，而且有利于对运动员进行管理。大局观是一个运动员应具备的素质。

四、高校高水平运动队体育精神建设的实施路径

（一）提升运动员眼界，培养良好的比赛品质

凡胜者，尤其是常胜者，都有高超的技术水平和能力，具有超群的冷静、沉着、自信、顽强、果决和勇于竞争的优良体育精神与品质。观察各类优秀运动员共同的气质和风格，你会发现，他们都有"大将风度"，这种风度是他们经过多年的训练和征战锤炼出来的。国内各高校的运动员应以这些优秀的运动员为榜样，严格要求自己自强、自律、自省，达到和他们一样的境界。

（二）建立科学的规章制度与生活管理方式

规章制度是对运动员的行为进行规范的准则。一个高水平的运动队应当制定一系列合乎自己队情的制度，一般来说应当包含课堂、请假、作息、奖惩、民主考核、课外互助、期末总结等各方面。制定制度时内容应具体，比如课堂纪律应规定上课时不允许运动员（包括教练员）随意中止训练去休息，教练员和运动员均不准在课堂上随意同外来人士谈话聊天或接打电话，教练员下达命令后运动员必须快速按要求进行练习，等等。这些看似无足轻重的小事，对培养队员过硬的作风却是非常有用的。而科学的生活管理方式，可以将这些分散的规章制度有机地整合在一起，以便于更加有效地实施。只有以科学的规章制度和管理方式为基础，训练才能达到事半功倍的效果。

(三)提高运动员比赛所需的综合能力

责任感是指运动员对中远期目标确立标准和实现目标的意识过程。责任感的形成和发展由个人的实践过程决定。责任感受认识水平的制约,运动员较难驾驭,这就要求教练员通过有形的训练去培养运动员无形的责任感,这是培养体育精神的一个重要方面。因此,教练员要充分调动运动员的责任感,有目的、有针对性地激发集体积极性,善于调配、组合所有队员,始终保持高度体能,发挥技能,掌握比赛主动,争取比赛胜利。比如:为了培养运动员顽强拼搏的体育精神,可以将橄榄球作为一个游戏项目引入篮球队,通过激烈的争夺培养篮球运动员的拼抢意识;为了培养运动员永不放弃的体育精神,可以模拟相应的情境,设定落后分值和剩余时间,培养运动员锲而不舍的精神;为了培养运动员坚忍的意志品质,可以进行对内或对外的比赛,将比赛时间适当延长,提高运动员的体能素质和坚持赛完全程的意志品质。通过这些丰富而真实的训练,可以有效地对运动员的体育精神进行塑造。

制约成绩的主观因素,还有心理素质等其他因素。实践证明,在残酷的高水平比赛中,决定胜负的关键不仅在于技术水平,还包括影响技术水平得到充分发挥的其他因素。这些技术因素之外的制胜因素都包含在运动员的体育精神之中,因此,体育精神在比赛中应得到足够的重视和培养。

实践证明,服从训练要求对体育精神的培养具有积极作用,在实践中应该从两方面入手:其一,服从技术训练的要求;其二,服从战术训练的要求。

(四)教练员合理培养自己的领导风格

教练员在组织、调动运动员从事运动训练、获得比赛优异成绩、实现成功目标的过程中,发挥着举足轻重的作用。教练员在执教过程中的领导各有风格,正因为这种领导风格上的不同,教练员在执教过程中对运动员心理上和行为上产生的影响是不同的,会让运动队形成不同的环境氛围和行为规范,进而影响团队或运动员目标的实现。教练员的领导风格影响着一支运动队体育精神的形成,在实践中教练员应注重自身不同领导风格的培养,同时注意在不同情境下不同领导风格的运用。

第五节　高校高水平运动队的队风建设

一、高校高水平运动队队风建设的现状

运动队队风是全体运动员的群体自觉意识,即团体精神的反映,同时也是在思想、工作和生活等方面表现出来的态度或行为风格。高校高水平运动队队风目前存在以下四方面问题。

一是政治站位不高,规矩意识、纪律意识淡化,制度执行不到位;政治敏锐性不强,对出现的歪风邪气和不良现象不抵制、不斗争,听之任之,袖手旁观,甚至推波助澜;廉洁自律意识不强,律己不严,在工作中大事不会做,小事不愿做,损害运动队形象。教练员应对运动员进行正确的世界观、人生观、价值观教育,使其树立良好的思想品德,懂得乐于奉献,做到与社会和谐相处,为社会主义现代化的实现和中华民族的伟大复兴时刻奋斗,在奋斗中实现人生理想,在奉献中到达人生彼岸。

二是大局意识不强,存在本位主义思想,不能站在长远的角度考虑问题、谋划工作。教练员应切实解决思想不稳定、怨天尤人、不顾大局、不维护集体形象和不服从领导等问题,克服有令不行、有禁不止的倾向,切实增强全体队员的事业心和责任感。对学习的重要性认识不够,运动员逃课的现象时有发生,加上运动员对学习有抗拒心理,没有以发展的眼光规划自己的未来……种种原因使得不良风气在队伍内部扎根,激化了学习和训练之间的矛盾。

三是进取精神减退,不敢担当,不愿负责,队伍的凝聚力、战斗力不强。教练员应解决工作缺乏责任心,敬业精神差,存在工作敷衍塞责、办事推诿拖拉等问题。必须为运动员树立远大理想、明确奋斗目标指明方向,必须为运动员提供正确认识世界的方法和克服现实困难的理论依据,必须为高校高水平运动队形成良好的队风和凝聚力提供保障。

四是有些运动员缺乏主动学习观念,学校对运动员的文化要求过低,队风建设有待强化,训练安排、课程设置不合理、不科学。多数运动员常年接受体育训练,投入文化知识学习的时间和精力不足,造成自身知识储备不足,且对待文化课的态度不端正,有厌烦、逃避的心理。进入高校后,相对轻松的教学管理也助长了运动员轻视学业的心理。

二、高校高水平运动队队风建设的目的与意义

作为教练员和管理人员,要有正确的运动员培养观,即运动员不仅要有在赛场上顽强拼搏、为国争光的竞技能力,还要有坚强的意志品质、健全的人格和正确的人生观、世界观、价值观,能够自觉遵守体育工作的行为规范和纪律,成为全面发展的体育人才。高校高水平运动队训练与活动的目的,要服从学校教育的总目标——育,即培养德、智、体、美、劳全面发展的社会主义建设者和接班人。因此,高校高水平运动队必须突出教育原则,在保证运动员全面发展的基础上,突出体育特长。德、智、体、美、劳五项中,德育居于首要地位。要通过训练和比赛,将思想品德教育和道德情操培养融入其中,建设良好的运动队队风,这是运动队实施德育的核心内容,具有重要意义。

运动员肩负着振兴中华体育事业的重任,是祖国未来的建设者和接班人,运动队在培养他们良好的体育素质的同时,更应着重培养他们良好的政治素质和道德品质。高校高水平运动队队风建设的核心就是要在全体运动员中树立具有鲜明社会主义时代特点的正确的价值观和行为规范,最终形成运动队的集体意识,促进运动队教学、训练、比赛和

管理工作的进行,促进教育质量和训练效益的提高。良好的队风一旦形成,运动员就会将自己的言行与运动队这个集体联系起来,对自己所在的队伍产生一种责任感、使命感、荣誉感和自豪感,所以队风建设的积极意义在于能产生内部的趋同性。

加强队风建设,形成良好的队风,把高校高水平运动队作为精神文明建设的重要阵地,可以影响和优化学校的外部环境,促进全校精神文明的建设,甚至影响整个体育界乃至全社会。通过运动员的精神风貌和道德风尚感染社会,改变陈旧的体育人才观念,有利于体育事业的发展。良好的队风一旦形成后,会给队员带来无形的压力和约束,迫使他们在情感和信念上与队风相适应。如果某个运动员不采取措施约束自己的言行,不与运动队的集体信念和行为气氛保持一致,就难以在这个集体中继续训练、比赛、学习和生活。而不断增强集体约束力,就会形成全体运动员共同的情感和信念,从而使个体和集体在言行上协调一致,为完成集体目标、提高训练效益创造有利条件。

三、高校高水平运动队队风建设的主要内容

(一)队风建设

队风建设是高校高水平运动队可持续发展的基础,是思想教育的具体实践,是提高运动队成绩和凝聚力的保证。因此,在队风建设中,根据队员思想状态呈现多层次的特点,要重点抓好三方面的内容:首先,要把握大学生的生活特点和规律,创造良好的氛围,保证运动队的队风在最佳状态下形成;其次,要充分发挥学校现有机制的作用,并根据实际需要补充和完善运动队的规章制度,建立行之有效、切实可行的奖罚机制;最后,队风建设是一个熏陶感染、潜移默化的过程,因此,在实践中既要把它贯穿于运动队活动的每一时刻、每一场合,也要贯穿于本队的价值准则中,贯穿于运动队的管理体制中,贯穿于运动队的精神状态中,贯穿于运动队的日常生活学习、训练、比赛中,贯穿于运动队的道德规范中,逐步形成大公无私、助人为乐、遵纪守法、服从组织、和谐团结、关心集体、刻苦训练、尊重教练的优良队风。

(二)教育观

高校高水平运动队的教育工作重点,主要是培养并增强运动员的集体主义荣誉感和体育道德风貌,以及刻苦学习、英勇作战的意志品质。教育运动员端正训练的动机和目的,正确处理学习与训练的关系,特别是结合大家的实际情况,积极了解队员的思想动态。在工作中,根据队员彼此之间年龄差异小、容易相互影响的特点,可以通过引导老队员来带动新队员,这对整个团队形成积极向上的思想氛围、增强团队运作合力、形成良好的团队作风,将起到有益的促进作用。

(三)骨干观念

将在日常训练中勤奋刻苦、努力提高技术水平的队员树立为榜样,引入骨干队员的理念,这些骨干队员的表现会对其他队员起到更直接的示范作用,并为整个队形成勇于拼搏、刻苦训练、团结协作、令行禁止的良好队风打下坚实的基础。高校各级领导要高度重视运动队骨干队伍的建设,努力打造一支政治强、业务精、干劲足、作风正的骨干队伍。在管理过程中需要注意的是,由于这类骨干队员注重学习,用于训练和比赛的时间较多,理所当然,他们与周围其他队员的关系相对会远一些,这就容易导致骨干在运动队中形单影只、孤独寂寞,因此,在管理过程中,要对骨干高标准、严要求,鼓励他们敢于承担管理责任,并在生活中重点引导和启发他们学会与人相处、融入集体的方法与策略。只有这样,骨干才能在团队中起到表率作用。

(四)师生观

师生观分为教师观和学生观。教师观可以从两个维度来理解:一种指人们对教师职业的社会地位、价值、特点、角色、责任、素质等问题的基本认识和观点;另一种指教师的教育观念,是教师科学履行职责所必须具备的基本素质。笔者这里指的是后一种概念。学生观指对学生的基本认识和看法,包括对学生的心理与生理属性及其在教育过程中所处的地位和作用等的看法,是教育观的基本构成部分,它支配着教育行为。现代的师生观是指成立在现代化生产及现代新技术革命之上的现代思想观念的师生关系问题的反映。长期以来,在高校高水平运动队中,教练员和运动员之间处于一种"你教我学,我讲你听"的关系,运动员完全听从教练员的指挥,教练员处于居高临下的地位,师生之间的关系显然是不平等的。在新型的师生观中,更突出"以人为本"的教育理念,教练员和运动员都是教学过程的主体。良好的师生关系是队风建设成功的关键,这就要求高校高水平运动队树立良好的学生观和教师观。

(五)荣辱观

荣辱观是人们对荣与辱的评价标准的价值确认。"由义为荣,背义为辱。"荣,指荣誉或光荣,是人们对高尚的道德行为所做的正面评价和主观感受;辱,指耻辱,是社会、集体或他人对违背公共利益的不道德行为的否定和贬斥,以及个人因自己行为的过失而在内心形成的羞愧体验。树立正确的荣辱观,是形成良好队风的重要基础,因为只有分清是非荣辱、明辨善恶美丑,运动员才能形成正确的价值判断,高校高水平运动队才能形成良好的道德风尚。

四、高校高水平运动队队风建设的实施路径

高校高水平运动队思想教育的主要对象是运动员。在生活中,每个人的成长环境、知识水平、道德标准、价值观都有很大差异,这就决定了队风建设是一项长期而复杂的系统工程。我们不能生搬硬套,指望一两种方法就能达到预期目的。思想教育应该是一项多渠道、多层次共同作用于受教育者的综合性工作,既要有强制的"硬"规定,又要有多变的"软"方式。

(一)提升教练员、运动员的政治思想觉悟,缩小运动员的思想差距

运动队队员的精神状态是不恒定的。随着队员年龄的增长、知识水平和运动技能的提高,丰富的比赛经验和教练员的正确引导这些都能成为运动员思想成熟和运动队成绩稳定的推动力。各高校要进一步提高对运动队队风建设的认识,以需求为重点,充分发挥运动员的主观能动性,让运动员具备自我教育、自我管理的能力。在尊重队员的基础上,始终把理解、关心、关爱、服务队员作为高校高水平运动队队风建设的出发点和落脚点。要把保持优良训练作风的意识提高到贯彻落实党中央要求的高度,提高到保持和增强运动队战斗力的基础位置。

教练员是运动员的领航者,是直接影响运动员成绩表现的重要人物。教练员对运动员而言,既是领导者、训练者和运动员的直接负责人,也是与运动员接触最多、理应最亲近的人,教练员自身的价值观念、作风、习惯会直接影响运动员的思想观念。中等水平的运动员占大多数,是运动队的主体。一个运动队要形成良好的队风,就必须缩小中等水平运动员与骨干队员之间的思想差距。在高校高水平运动队中,几乎所有运动员都接受过严格的高中教育,通过了高考和体育水平测试,他们有一定的文化知识,有比较全面的道德观念,但在外界的影响下,他们的思想并不稳定,容易发生变化。因此,缩小团队成员之间的思想差距是非常有必要的。

(二)增加训练形式,使队风建设常态化

寓教于乐,坚持政治理论教育与社会实践相结合,把思想教育融入党、团、班等的各项丰富多彩的集体活动、培训、竞赛活动中。针对运动员易冲动、逆反心理强的特点,把队风建设的内容渗透到运动员日常生活的方方面面,从生活的多个角度对运动员的思想、动机、态度、行为、价值观等心理成长产生潜移默化的塑造作用和广泛影响。要坚持以教育为主、预防为主,大力深入开展思想道德、职业道德及法治、心理、文

化等各项教育,不断提高运动员的思想政治水平和文化素养,在队内形成团结友爱、互助进步的良好氛围。还可以依托校园文化,给予正确引导,促进队风建设的良性发展。

结合运动员在校园内受到高度关注的特点及和谐校园的建设,可以在运动队开展校园名人教育活动,让他们明白作为焦点人物,周围的同学无时无刻不在关注着自己,自己的一言一行都可能被放大。通过"名人"意识的培养,队员能够深刻地意识到自己在运动场上的表现已经超越了体育比赛的内涵,尊重对手、尊重裁判的文明行为,以及不畏强敌、奋力拼搏的精神,会对其他大学生和校园文化建设产生积极的影响。同时,鼓励运动员克服缺点、发扬优点,特别是在学习、训练中遇到困难时,更要发扬全力拼搏、攻坚克难的精神,为将来走向社会、成为合格人才打下基础。

(三)重视管理,灵活动用激励机制

加强高校高水平运动队在训练期间和训练结束后的管理,强化执勤和监督。领队、教练员要注意方式方法,在日常训练和管理中规范自己的行为与语言;建立运动员家属和运动队之间的联系平台,加强常态沟通;加强运动员的思想道德教育和文化学习,加强对优秀运动员的思想道德素质考察。革命精神是非常宝贵的,没有革命精神,就没有革命行动。然而,革命是建立在物质利益之上的。如果我们只谈论牺牲精神而不谈论物质利益,那就是理想主义。因此,要从运动员的实际出发,灵活运用激励机制,根据不同的情况采取不同的激励措施,让激励机制发挥最大的作用。物质激励和精神鼓励应是结合在一起的,精神鼓励是主要形式,物质激励是辅助方式。

(四)坚持以制度为基础,提供法律保障

各高校高水平运动队要完善日常的训练管理制度,并执行、监督到位。严格执行各项队规队纪,依法依规处理各项违规违纪事件。建立长效、稳定、有约束力的队风问题处理机制,一旦发现问题就要彻底整改。同时加强督促指导和统筹规划,坚持"惩"字当头,严惩运动队中的"害群之马",净化队内空气。在日常训练中,不仅要提出明确的要求,必要时还要采取警告批评、暂停训练甚至开除出队等惩罚措施。此外,还要尽量减少团队中不稳定、不和谐的因素。这些举措的目的,就是要保持整个团队的稳定,树立良好的队风。

第六节　高校高水平运动队的学风建设

一、高校高水平运动队学风建设的现状

目前,体育运动的发展正不断步入全球化,中国体育与世界体育的联系日益紧密。在大发展趋势下,高校高水平运动队培养高质量体育人才的功能显得格外重要。2013年,教育部就强调了高校加强学风建设的重要性,提出学风是高校高水平运动队精神的集中体现,是育人的本质要求,是高校高水平运动队的立足之本、发展之魂。但是,近年来高校高水平运动队暴露出的学风问题日益严重,引起了大家的深思:是什么影响了高校高水平运动队的学风建设?

回顾各高校高水平运动队的建队历程可以发现:由于高校会根据本校的实际情况采取不同的招生政策,以及拟定配套的学生管理办法等,目前我国部分高校高水平运动队的管理有很大的提升空间,不同高校在学制和学分管理上标准不一,导致高校高水平运动队在学风建设上存在一些问题。

高校高水平运动队的运动员主要还是来自大学生群体。我国大学生存在的学风问题,主要有学习动机功利化、学习目标不明确、学习兴趣较为淡薄、学习态度不端正等。笔者认为,高校高水平运动队存在的学风问题有以下六种。

一是不同类别院校的学生对学风建设的观点存在差异,具体表现为不同类别院校学生对自身的认知。高校高水平运动队的招生存在两极分化,部分运动员体育成绩优异,但学习成绩不理想,而且没有主动学习的意愿,这就导致运动员对于学习的态度不一致。

二是缺乏全员参与的学风建设制度。大部分高校的学风建设尚未形成一整套全员参与的组织架构和管理制度,正如上文所述,部分运动员对于学习尤其是理论知识的学习不主动、不积极,学风建设存在不完全化的现象,这与高校高水平运动队要求的学风建设标准存在一定的差距,影响了学风建设的整体成效。

三是教练员与教师对学风建设的认识存在偏差。教练员与教师都是高校高水平运动队学风建设过程中的重要参与者,但他们却对运动员在课堂上的不良表现不闻不问,只注重专业训练而忽略理论知识等的学习,导致一部分运动员认为只有体育成绩才是重要的。

四是运动员的学习目标不明确,学习动力不足。运动员进入高校高水平运动队后,重心逐渐转移到日常训练中,缺乏学习的阶段性目标,学习态度不主动、不积极,逐渐养成学习惰性。

五是运动员对专业认知不足,职业规划不清晰。部分运动员对所学专业的认知不足,对于专业前景和未来就业了解甚少,对职业发展规划缺少思考。

六是外界环境诱惑多,时间利用不合理。在这个大数据时代,手机依赖已经成为运动员的普遍"症状",运动员日常学习时间利用率低下,同时运动员兼职现象严重,一些运动员甚至缺课去做社会兼职。

二、高校高水平运动队学风建设的目的与意义

高校的学风建设是校园建设的重点,而高校高水平运动队学风的优劣是高校学风的重要体现,因此,高校高水平运动队的学风建设理应成为高校学风建设工作的重中之重。

运动员是高校的重点培养对象，又是高校大学生的重要组成部分，因此，运动员的学风自然成为高校学风展示的"窗口"。学风反映的是学生的学习态度和精神面貌，是校风的一部分。只有具备优良的学风，才能形成优良的校风，才能培养出适应社会需求的合格的专业人才。对高校高水平运动队来说，学风是运动队的气质和灵魂，也是运动队的立足之本、发展之魂。

学风建设是衡量高校高水平运动队创队理念、教育质量和管理水平的重要指标，是全面推进素质教育、为社会培养高素质人才的关键。优良的学风是保证教学质量的重要条件，学风的好坏直接影响到教学改革的步伐和教学质量的提高，影响到校风的构成和高水平运动人才培养目标的实现。进一步加强学风建设，才能为运动员的成长、成才营造良好的育人环境，增强运动员学习的进取性和主动性，促进运动员的健康成长和综合素质的全面提高。

在有优良学风的环境里，每个运动员都会受到积极的影响。运动员会在潜移默化的过程中不断养成良好的学习习惯和学习态度，提高自己在性格品质、思想道德、行为作风、学习态度等方面的素质。反之，在糟糕的学风环境里，运动员会不自觉地接受消极因素的影响，从而影响自身心理健康、正确人生目标的树立，最终影响到职业生涯的发展。

大学阶段是运动员的世界观、人生观、价值观形成的关键期，是运动员接触新事物的高峰期，也是运动员全面提高综合素质和适应社会能力的黄金期。高校优良的学风对于运动员的影响不仅体现在学习期间，更是会影响运动员的一生。运动员要成为国家需要的高质量人才，不仅要具备扎实的专业基础、较强的实践能力和科学的创新精神，还要具备健康的体魄、坚定的政治信仰、良好的思想品质和健全的人格，归根结底，就是要成为一个全面发展的人。而高校高水平运动队的学风建设对于促进运动员的全面发展，具有积极、重大的意义。

三、高校高水平运动队学风建设的主要内容

高校高水平运动队的学风是高校校风的重要考核指标之一。本质上，学风就是一种学习的习惯、一种学习的风气、一种学习的氛围，也是高校高水平运动队全体成员的知、情、意、行等方面在学习上的综合体现。换句话说，高校高水平运动队的学风，就是凝聚在学习与训练过程中的运动员的精神动力、态度作风、行为习惯等，根据不同高校高水平运动队的不同特点展现其特有的内涵，并通过运动队全体队员的思想和行动逐步统一，最终形成一种风格。

高校高水平运动队的学风建设是由高校高水平运动队的管理者及相关管理部门发起并负责的，全体运动员及教练员参与，是为了改善运动员的学习风气，提高人才培养质量而进行的一系列工作的总称。

高校高水平运动队的学风建设诠释的是以运动员为主体所参与的为何学习、如何学习、如何营造良好的学习氛围等问题。在高校高水平运动队中，学风明显体现为运动员的学习态度，以及在学习专业理论知识过程中的表现。

（一）高校高水平运动队的学风内涵

学风，在《现代汉语词典》（第7版）中解释为：学校、学术界或一般学习方面的风气。广义地说，学风可以指学校全体师生员工的治学精神、治学态度与治学方法及其他作风，更是全校师生员工的知、情、意、行，是学习的全面反映。据说"学风"一词最早源于《礼记·中庸》，在书中的释义为："广泛地加以学习，详细地加以求教，谨慎地加以思考，踏实地加以实践。"在教育部颁布的《普通高等学校本科教学工作随机性水平评估方案》的指标体系中，学风作为重要的一级指标，包含三个二级指标：教师风范、学习风气、学术文化氛围。其中，学习风气为重要指标。学风就是凝结于教与学之中的精神动力、态度作风、方法措施等，根据各校不同的特点而呈现出独有的特征与丰富的意义，并且经过

全体校务人员的意愿和行为,逐渐形成并凝固,成了传统,成了格调。这些传统与格调在运动员的发展过程中起着巨大的作用,给高校高水平运动队的发展与建设带来了深刻的影响。

(二)高校高水平运动队的学习观念

学习观念是一种理念,是学习的基础,其树立在学习过程中是很重要的。学习观念包含学习目标、学习态度、学习纪律、学习方法、学习兴趣、学习效果等。

1. 学习目标

树立目标能够激发积极性。学习目标犹如指路明灯,为漫漫学习之路指明了方向。如果没有目标,学生就很容易迷失方向或者半途而废。学习目标是在学习的过程中最基本的学习基础。作为运动员,在高校环境中更应该意识到目标的重要性。基于运动员的学习思维处于迅速发展阶段,因此,明确的学习目标是学风建设的基础,只有有了学习目标,才能在一个完整的学风建设过程中建立起明确的指导步骤,从而达到事半功倍的效果。

2. 学习态度

态度决定一切。良好的学习态度,如同发现美的眼睛,总能使学习者从学习对象那里找到值得学习的东西。学习态度决定了运动员在学习过程中的学习效果,积极的学习态度可以调动运动员对待学习的积极性和主动性,能够使运动员在学习的过程中产生浓厚的学习兴趣,从而坚定自身的学习目标;消极的学习态度则会阻碍运动员对学习目标的追求,甚至成为学习过程中的严重障碍。因此,积极、正确的学习态度是学风建设的前提条件。在高校高水平运动队中,良好的学习态度会成就运动员好的训练态度,而好的训练态度又会为运动员自身专业水平的提升奠定良好的基础。

3. 学习纪律

纪律是一切规范的前提。良好的学风氛围在某方面也是规范秩序的体现,学习纪律要求运动员群体在学习的过程中,行为要保持一贯性,标准要保持一致性。高校高水平运动队制定纪律规范是为了维持运动队正常的教学工作和生活秩序,使运动队的教育管理工作规范化、秩序化。同时,纪律也是为了给广大运动员创造一个良好的成才环境、培养运动员良好的行为习惯、促进运动员全面发展而制定的,是每一个运动员必须了解和遵守的行为准则。严明公正的学习纪律能够促使运动员自觉保持学习秩序,维护学习纪律,因此,学习纪律是优良学风氛围的保障。

4. 学习方法

方法比答案更重要,好的方法是成功的一半。得当的方法往往会引领整个学习过程,能将你托到成功的彼岸,而错误的方法也能将你拉入失败的深谷。正如达尔文所述:"世界上最有价值的知识是关于方法的知识。"好的学习方法是成就良好的学风氛围的关键因素。因此,一旦形成正确的学习方法,构建良好的学习氛围,运动员在学习和训练上就会如虎添翼,收获更多的知识,产生积极的成就感,进一步促进自己对学习和训练的渴望。

5. 学习兴趣

在学风建设诸多影响因素中,兴趣是学习过程中非常重要的心理因素之一,是学习动力系统中一种非常活跃、现实的内在因素。学习者一旦有了兴趣,就会产生一种定向关注力和孜孜以求、不断进取的学习态度,自觉地克服学习中的困难,增加灵感,增长智慧。孔子说过:"知之者不如好知者,好知者不如乐知者。"美国教育家、心理学家布鲁纳指出:"学习的最好刺激,乃是对所学材料的兴趣。"我国教育家陶行知先生说:"学生有了兴味,就肯全副精神去做事,学与乐不可分。"兴趣浓厚的学习氛围可以造就优良的学风环境。在高校高水平运动队中,运动员在长期的训练、学习中会遇到各种困难,如果运动员对学习缺乏兴趣,高校高水平运动队的学风建设难免吃力。

6.学习效果

学习效果指的是由于学习所导致的个体心理与行为上的变化结果。这是衡量运动员学习收益多少的一个标准,也是学风建设努力的终极目标,更是人才质量的最终要求。学习效果需要被测评与分析,以进一步反馈于学风建设系统,以期对学风建设系统进行可调控的完善,最终形成优化的学风建设模式。个体学习效果受到很多因素的影响,实践证明,在同等智力下,论学习效果,学习动机强的人显著优于学习动机弱的人。因此,教师在教学过程中应根据不同类型的动机采取适当的方法来激发和维持学习者的学习兴趣,调动其学习的主动性与积极性,以取得更好的教学效果。除了学习动机,学习兴趣也在一定程度上决定着学习活动能否持续下去,此外,知识基础、智力水平和身体素质等也都对学习效果有着直接或间接的影响。这些因素在运动员身上体现得尤为淋漓尽致,与其他同学相比,运动员将更多的时间和重心都放在了专项训练上,学习其他知识的动机和兴趣及知识基础本身,相对其他大学生来说略逊一筹,要达到同等的学习效果也相对需要付出更多的努力。

(三)高校高水平运动队的教学观念

教学观念是对一系列重大教学问题的倾向性认识,是社会政治、经济、文化传统等对教育的综合影响在人们头脑中的反映。在漫长的教学活动中,教学观念逐渐稳定下来,并对教学活动产生了很大的影响。它决定着教师的教学方式和学生的学习方式。与此同时,时代在进步,教学观念还须与时俱进。首先,要关注高校高水平运动队的进步和发展。教师要确立运动员的主体地位,不仅是在运动员的训练上,更要关注运动员的全面发展。教学不是唱独角戏,离开了"学",就无所谓"教"。其次,教师要有时间与效益的观念。教师的教学效益取决于在单位时间内学生的学习成果和学习过程的综合评判。再次,教师的教学目标要尽可能地具有可测性和可量化性,能从具体的数据中显示教师的"教"和学生的"学"的综合表现,但又不能过于量化。从次,教师须具备反思意识,在日常生活中反思自己的教学行为。比如:"我的教学有效吗?""什么样的教学才是有效的?""有没有更有效的教学方式?"……最后,教师要注意有效教学,尤其是对运动员来说,训练和学习需要兼顾,就更需要每次的训练和学习具有有效性。

(四)高校高水平运动队的德育观念

广义的德育指所有有目的、有计划地对社会成员在政治、思想与道德等方面施加影响的活动;狭义的德育特指学校里的德育,是教育者根据一定社会或者阶级的要求而进行的有目的、有计划、有系统地对受教育者施加思想、政治和道德等方面的影响,并通过受教育者积极的认知、体验与践行,以使其形成一定社会与阶级所需要的品德的教育活动,即教育者有目的地培养受教育者品德的活动。德育是社会主义现代化建设的重要条件和保证,是学生健康成长的条件和保证,是实现我国德育目标的基础和保障,也是培养具有道德发展性的人才的条件和保证。而在应试教育的压制下,不少家庭、学校教育重智育而轻德育。运动员是国家体育人才的后备力量,其品德的发展,世界观、人生观的形成,政治觉悟的提高,对于他们的成长尤为重要。

德育的内容包括爱国主义教育、理想教育、集体主义教育、劳动教育、人道主义与社会公德教育、自觉纪律教育、民主与法制观念教育、科学世界观和人生观教育、心理健康教育等。德育的原则:道德认知与道德实践并重,严格要求与尊重信任兼顾,统一要求与个性发展相结合,集体教育与个别教育并举,学校教育和社会影响相统一。德育的方法:说服教育法、榜样示范法、实际锻炼法、品德修养指导法、陶冶教育法、品德评价法、角色扮演法、合作学习法等。

（五）高校高水平运动队的实践观念

学习是实践的前提，实践是学习的目的。学习的终极目标在于学以致用，"践行出真知"，最能验证理论的莫过于实践。所以，学习过程其实就是一个不断地将新信息与原有认知结构相互联系、相互作用、调整整合的动态发展过程。我们头脑里的心智系统就像是计算机操作系统一样，大脑中的这些复杂结构要通过不断的记忆和反复操作才能完成任务，而这些过程又需要大量的时间来完成。运动员每天学习和训练的目标，是通过实践应用将储存在大脑深层的知识进行检索，经推理、联想、比较等加工处理后，构成需要的成果。践行实践观念就是要把书本知识学习和实践学习结合起来，将理论知识运用到现实训练之中，做到思想与行动统一，不断提高学习与训练的原则性、系统性、预见性和创造性。

四、高校高水平运动队学风建设的实施路径

（一）建立完善的队内学习管理机制

管理运动员的学习有一个方法，即建立队员学习卡，同时对运动员平时的学习成绩进行统计和记录，建立学习成绩档案。对运动员的学籍管理可适当放宽，有条件的可实行学分制，在保证质量的前提下，让运动员在可运用的时间内学完大学全部课程。同时，各部门人员和各科任课老师之间应加强沟通，各科任课老师及时将运动员成绩反馈至教务处，再由教务处出面，联系各部门人员对运动员进行有针对性的学习辅导。

（二）结合实际，完善高校体育相关专业设置

高校承担着为国家建设培养高质量人才的重要任务，是培养各类人才的基地，大学生能否成为社会主义建设所需的人才，涉及学校内部各部门及外部政策的支持。

为了精准顺应市场需求，抓住全球体育改革带来的机遇，高校应根

据自身优势、所处城市环境及体育市场的需求,拓宽开设的专业面,积极协调学校与社会之间的关系,利用高校师资力量雄厚、教学水平稳定、训练场所优良等办学优势,争取相关部门的支持。例如设立体育相关专业(如体育英语、体育经济学、体育人文、体育管理、休闲体育等),与市场的需求紧密联系起来。

(三)建立合理有效的队内教学模式

要加强对高校高水平运动队的管理,可以采用混合编班、单独制订教学计划等办法。在采取混合编班的前提下,严格制订寒暑假、训练后、重大比赛前后的集中学习计划,真正做到分散与集中相结合,使针对运动员的教学模式更加合理有效。同时,还要注意加强对运动员学习方法的指导,提高他们的学习效率,调动他们的学习积极性。比如对运动员文化课的辅导,看似简单,但若是太过单调,就会让运动员缺乏耐心和信心,因此,辅导文化课也须注意辅导的技巧,激发运动员的兴趣,让他们更好、更安心地去学习。又如由于高水平运动员大多性格开朗,善于交流,可以派学习成绩优秀的普通大学生给予运动员学习上的帮助,提高运动员的学习成绩,让运动员在大学期间,在提高运动成绩的同时,也能学到更多的科学文化知识,巩固自身的知识储备,推动高素质体育人才的发展。只有这样突出重点,才能较好地解决运动员在学习期间遇到的困难,才能切实提升运动员的学习成绩。

(四)提高运动员的思想政治认识,端正运动员的学习态度

学习态度是指学习者对学习较为持久的肯定或否定的行为倾向。良好的思想意识和学习态度会对运动员的学习效果与训练效果产生巨大的影响。教练员和教师要关心运动员的学习,及时发现他们的细微变化,主动找队员谈话,纠正思想上的偏差。学生的思想情况和学习态度与家庭教育有密切的关系,因此,学生在学习过程中,家庭对其学习观念、学习态度等方面的影响是不容忽视的。"态度决定一切",端正

学习态度,才有毅力克制自己的玩心,提高学习动力。通过培养良好的学习习惯,改正学习态度,鼓励运动员以灵活多样的方式上晚自习,培养良好的学习习惯。运动员在大学的学习与训练中更应该保持正确的观念和积极向上的心态,家长也要注意正确地引导孩子的观念与态度,促使孩子全面塑造自己的能力。家长在做好孩子的指导和监督的同时也要与学校合作,促使孩子不断完善自己、提高自己。

(五)加强课堂学习的组织纪律和行为规范

良好的纪律是学习的前提,运动员应做到遵守校规校纪,诚实守信,礼貌待人。平时高校高水平运动队须做到以下几点:密切注意运动员的寝室卫生、安全等状况,为构建良好的学习环境提供坚实的基础;严格监督考勤,将打考勤与教师上课点名相结合,每月通报一次逃课、旷课学生名单,对未请假而逃课、旷课的学生严格按学校有关规定处理;以加强课堂纪律为抓手,统一运动队内的各项规章制度,严格执行各项纪律,强调教师、教练员的引领作用,强调队内优秀运动员的榜样示范作用。

第四章 我国高校高水平运动队队伍建设的现状解析

第一节 高校高水平运动队的现状及存在的问题

我国高校高水平运动队经过长期的改革与发展，在运动员的管理体制方面探索出了许多有益的模式，取得了良好的效果。但是，迄今还没有对高校高水平运动队的管理制定一个统一模式，也没有正式的法规、条例、文件。随着竞技体育赛事的不断丰富，对高校高水平运动队的管理也需要进一步科学化、规范化、一体化。高校对运动队在招生、资金投入等方面的支持有了较大的进步，但是受传统管理理念和旧制度的影响，高校在管理运动队的过程中，暴露出了许多亟待解决的问题，例如管理机构层次过多且效率低下，管理制度不健全，运动员的学训矛盾突出，教练员的水平参差不齐，硬件条件不过关，资金缺乏，等等。这些因素严重制约着高校高水平运动队的建设。因此，高校及高校各个职能部门必须高度重视对运动队的培养与管理，用科学的管理产出高效益。

毫无疑问，运动员是高校高水平运动队的主体和核心，他们和教练员构成了一个有机的整体。运动员处在高校这样一个特殊的环境中，不可避免面临特殊的现状与问题。下文主要就运动员的生源和目前讨论较多的学训矛盾等问题展开分析。

一、高校高水平运动队的生源

目前我国高校高水平运动队的生源主要有三：一是普通高中应届

体育尖子毕业生,二是体育试点学校的毕业生,三是少数体育工作队(以下简称"体工队")的现役、退役运动员。相关资料显示:我国高校高水平运动队的生源日趋多样化、多元化。体校运动员是高校高水平运动队的主要生源,占招生总数的41.3%;体育传统学校运动员占招生总数的29.3%;体工队运动员和退役运动员占招生总数的10.9%;省现役专业运动员和普通高校运动员占招生总数的18.5%。各类生源都有自身的优势,各高校可根据自己的实际情况在招生过程中有所偏向并选择合适的生源。

但是,有些高校在招收运动员的过程中,招生制度不完善,招生工作缺乏科学依据,出现了许多漏洞。文化成绩差、体育成绩不好的学生,通过一些渠道进入特招生的行列,严重影响了高校高水平运动队的生源质量。

二、学训矛盾

运动员的文化学习与运动训练之间的矛盾(学训矛盾),是高校高水平运动队管理中普遍存在的一个问题。

学训矛盾的产生主要有两个原因。一方面,运动员具有双重身份,他们既要完成学习任务,又要完成训练任务,负担很重。在有限的一天内,他们既要上课,完成作业,进行复习和预习,又要参加训练,而且训练以后体力消耗很大,会对完成学习任务造成阻碍,导致运动员的文化成绩不理想。另一方面,运动员的文化基础差,根基不牢固。由于竞技体育的残酷性,一个运动员要想取得好成绩,必须在很小的时候就接受专业的训练。大部分运动员在初中阶段已经开始训练了,有的甚至更早。繁重的训练压力使得他们根本没有多余的时间进行文化课学习,最终导致学习成绩下滑。久而久之,这种心理负担会使得他们对训练产生逆反心理,又导致运动成绩下滑。

第二节　教练员的现状及存在的问题

教练员在高校高水平运动队中起指导和管理作用,他们是运动员的直接管理者,他们的学历、执教经验、工作责任感直接影响着高校高水平运动队的成绩。

一、教练员的年龄结构

教练员的年龄结构是高校高水平运动队的一个重要影响因素,因为通常教练员的年龄结构和他的执教经验息息相关。管理经验丰富与否直接影响运动队的成绩高低。

目前我国高校高水平运动队教练员的年龄结构比较合理。一方面,31～40岁的教练员占到了总数的43.3%,41～50岁的教练员占到了总数的26.9%。这说明教练员以中青年居多,这对运动员的学习与训练是有很大益处的。运动员绝大多数是年轻人,思维比较活跃,容易和年轻教练员打成一片,时间长了,双方可以达成很好的默契。另一方面,30岁及以下教练员的占比为14.9%,从可持续发展的角度来看,应增强对这一年龄段教练员的培养,为我国高校高水平运动队培养充足的教练员后备力量。

二、教练员的职称结构

高校作为人才培养的基地,对教师的要求越来越高,尤其是对教师的学历和职称的要求越来越高。教练员是高校教师队伍的一分子,同时也是高校高水平运动队的一分子,他们的学历和职称与运动员的成绩有着一定的关系。

具有讲师职称的教练员占总数的50.0%,具有副教授职称的教练员占比为36.5%,具有教授职称的教练员仅占总数的9.4%,而助教的比例仅占4.1%。具有讲师职称的教练员占到了总数的一半,这一方面说明高校高水平运动队教练员的知识水平比较均衡,另一方面也说明高校应加强对具有讲师职称教练员的绩效考核,用科学的考核方式促使他们不断提升自己的业务水平和管理水平,以更符合当代竞技体育赛事的要求。

三、教练员的执教年限

教练员经验的积累需要一个长期的过程。教练员只有经历了日积月累的实践过程,才能更准确地把握训练和比赛的节奏,创造更多获胜的机会。目前大部分教练员已经具有一定的执教经验,在高校高水平运动队执教 5 年以上至 10 年的教练员占总数的 43.8%,执教 10 年以上至 20 年的教练员占总数的 37.5%。教练员的年龄结构与执教年限是密切相关的。

第三节 高校高水平运动队的资源及存在的问题

运动员的学习和训练须依托高校的各种软件、硬件资源,这些资源包括人文环境、资金投入、教育功能、体育设施、师资力量、信息来源等。好的资源对运动员综合素质的提高有着重要意义。

一、资金投入情况

高校高水平运动队要取得好成绩,一定离不开优良的硬件环境,其中最重要的一点就是要有充足的资金支持队伍的建设。1985—2023年,国家财政用于社会文教的费用呈逐渐增长的趋势,这说明国家对体育事业的重视正在逐年提升。良好的政策支持为高校高水平运动队的发展提供了好的外部环境。

目前,我国高校高水平运动队训练和比赛的经费来源主要有以下几种:学校拨款、企业赞助、单位创收、教育部门拨款、体育局系统拨款等。其中:学校拨款所占比重较大,占总经费的 63.83%;教育部门拨款和体育局系统拨款有限,不足以应付高校高水平运动队的所有支出;企业赞助和单位创收所占比重较小,说明我国高校高水平运动队的市场化程度还不够,还没有真正融入社会主义市场经济。

二、物资保障情况

良好的训练器材、装备齐全的场地设施、完善的后勤保障,无疑对运动员训练成绩的提高是有很大帮助的。竞技体育的可持续发展同国家的经济发展密切相关。目前,我国对高校高水平运动队的投入存在总量不足的情况。我国对教育事业的投入相对一些经济发达的国家来说是比较少的,教育投入占国内生产总值的比重不到4%,这就导致长期以来我国高校各种体育硬件设施不足,对于普通学生是如此,对于运动员更是如此。由于普遍缺乏经费,运动员所需的配套训练设备和后勤保障都难以达标。按照《关于高等学校课余训练试点工作评估方法》中的规定,运动员每年人均训练经费应为4000~5000元,但很多高校很难达到这个标准。

由于经费有限,受训练硬件条件的限制,激励不够,运动员和教练员的积极性不高,其潜力也得不到充分的挖掘,这对整个队伍的成绩有着较大影响。

第四节 高校高水平运动队队伍建设的体制机制

比较我国与其他国家高校高水平运动队的管理体制可以发现,我国高校高水平运动队的管理制度不够完善,在管理理念上同国外相比差距较大,在考试招生、在校管理等方面与新时代新要求仍有差距。为此,在运动员的学习管理方面,我国高校采取了一些措施,比如大部分高校不要求运动员在校期间通过全国大学英语四级考试,在日常的考试中也会对他们放宽要求;有些高校鼓励学生多参加比赛,取得与文化课相同的学分,在比赛成绩和文化成绩方面均设有单独的奖学金。在招生方面,会对运动员实施降分录取,并且给予他们多项优惠措施,比如免除4年学费,发放训练费,成绩优异者免试攻读硕士研究生,等等。

在竞赛体制方面,也存在着不合理的情况。运动员在学校的大部分时间用于训练,很少有机会参与省内外或者国外的比赛,平时所学的训练技巧很少能用到赛场上,这对运动员的成绩提高、经验积累影响较大。

在办学模式上,各高校高水平运动队呈现多样化,不同高校根据各自的情况采用不同的办学模式:坚持自己办的高校占55.2%,与专业队联办的占29.5%,与企业联办的占13.3%,完全依靠专业队的占2.0%。

总而言之,我国高校高水平运动队队伍建设的体制机制比较简单,不够完善,管理层次也比较单一,不利于调动基层的积极性,不利于和基层及时沟通。国家应该在依托教育部门管理高校体育的同时,充分发挥中国大学生体育协会的积极作用。同时,要建立、健全各种规章制度,运用科学的手段来管理高校高水平运动队,把法律和行政有机地结合起来。

第五章 我国高校高水平运动队队伍建设的对策研究

第一节 管理体制的改革与发展思路的创新

高校培养运动员有着得天独厚的科研优势、文化教育优势、可持续发展优势。高校良好的校园文化氛围有利于熏陶学生的情操,提高学生的文化素质,从而造就具有良好思想道德和科学文化素质的体育人才。近年来高校的体育场、设施设备建设都有了明显的改善,个别高校水准接近甚至超过专业队水准。只有充分利用高校的人力、物力资源,发挥多学科交叉优势,实现高校高水平运动队的科学管理,才能提高高校高水平运动队的队伍建设。

一、深化办队模式,完善组织体系

部分高校在竞赛机制、管理模式等方面不能适应发展的需要,致使高校高水平运动队的组织体系不够完善,办队自主权很小,经费匮乏,教练员短缺,生源不佳,运动员竞技水平提高缓慢,甚至出现队员学风不良的现象,这些都不同程度地影响着高校高水平运动队的健康发展。因此,首先应完善高校高水平运动队的组织体系,扩大办队自主权,在明确了办队理念之后,建立并坚持实施合理有效的管理政策,使运动队的建设有良好的组织保障。在原有的几种办队类型的基础上,增加以下两种办队类型。

1.校企结合,成立专业体育俱乐部

俱乐部应以高校高水平运动队为基础,面向社会,与企业(尤其是明星企业)合作,吸收体育尖子人才,以经常性的体育竞技研讨和竞赛活动为纽带,俱乐部成员既可以代表学校也可以代表企业参加比赛,并按照市场机制,对俱乐部的参赛活动给予一定的经济补偿,逐步实现"以队养队"的目标。这样一方面高校高水平运动队渐渐地转向职业化,另一方面也能为高校高水平运动队的资金投入找到助力。

2. 合作办队,高校和体工队结盟

由高校依据招生政策招收符合条件的运动员进入高校深造,必要时将这些运动员中的全部或一部分送到体工队进行专业训练,高校承担帮助体工队队员提高文化水平的教学任务。合作办队形式既能吸收优秀运动员进入高等学府深造,更好地为体育事业做贡献,也能解决高校专职教练员不足、训练器材和设施缺乏的困难,形成高校与体工队相互合作、互惠互利、共同发展、双方满意的局面。

二、改革、创新竞赛机制

随着我国经济的进一步市场化,大学竞赛机制的改革要主动适应市场经济的需要,充分运用市场经济体制下的调节手段,推动运动竞赛机制向市场化和社会化方向改革,改变过去单一、集中、固定的竞赛机制,向多样化和分散型、灵活型的模式发展。

1. 运用市场,依托社会,分层次大力推广大学生联赛制度

在总结中国大学生篮球联赛(Chinese University Basketball Association,CUBA)与中国大学生足球联赛(China University Football Association,CUFA)的成功运作经验的基础上,划分多层次的竞赛体系。

2. 与国际接轨,缩短全国大学生运动会的比赛周期

世界大学生运动会每两年举办一届,全国大学生运动会也应每两年举办一届,并在当年世界大学生运动会的前期举办才更具有合理性。这样既可以增加高规格的比赛次数,检验训练效果,又可以为参加世界大学生运动会提前做好选拔工作。

3. 要建立一套区域内、区域间、全国性、国际性四个层次的大学竞技体育竞赛机制

按国家行政区划划分高校高水平运动队,由各单项协会负责协调组织,广泛开展区域内和区域间的校际比赛,增加大学竞技体育的竞赛次数,同时还应增加各种形式的全国性单项体育竞赛。加强国际交流、合作与竞争,适时争取甚至创造机会参加国际比赛(包括邀请赛、对抗赛、友谊赛、锦标赛等),不断提高高校高水平运动队的整体实力。

第二节 投入经费的增加与物质保障的加强

一、增加投入经费

经费是高校高水平运动队高质量发展必不可少的条件,它直接影响着运动员、教练员的积极性和训练的后勤保障。但是,经费缺乏是我国高校高水平运动队普遍面临的一个问题,导致这个问题的原因,一方面是国家对此投入不足,另一方面是高校自身筹集资金的能力较弱。在这样的"输血"不足和"造血"困难的情况下,高校高水平运动队的物质保障就难以达到运动员和教练员的要求。

高校高水平运动队的资金来源主要是学校拨款和上级教育系统的拨款,企业赞助和社会人士支持的资金较少,这说明高校高水平运动队没有充分挖掘和利用社会、企业资源。如果一支高校高水平运动队能够真正地成为一支竞技强队,不仅可以给自身带来丰厚的社会和企业赞助,对所在高校的品牌也是一个大的提升。华侨大学的男子篮球队就是一个最好的例证:该队每年用于训练、比赛的经费接近100万元,这项资金主要来自企业的资助。企业出钱,比赛时冠企业名,提高企业的知名度,这样高校高水平运动队就可以与企业达成互惠互利、共同发展。这种模式很常见。高校高水平运动队应该努力提升自己的竞技水平,吸引企业的注意,吸引企业的投入,为自身队伍的建设争取充足的

资金保障。

二、加强物质保障

高校需要为运动队提供标准化的场馆、设施和器材装备,一方面,要确保运动员的训练和比赛需求得到满足;另一方面,申办高水平运动项目的高校必须具备与该项目要求一致的标准化的场馆和设施。一些高校还会充分发挥综合学科的优势,组建运动队服务团队,加强运动员在运动康复、医务监督和运动营养等方面的保障,而这理所当然也需要相应的物质投入。

1. 合理布局,明确场馆、设施等的建设目标

高校应首先明确运动队场馆、设施等的建设目标,确保能够满足运动队的训练、比赛和日常活动需求。目标应具体、可行,并考虑到长远发展。高校还应根据运动项目的特点和需求,合理规划场馆的布局和功能区域,例如可以设置专门的训练区、比赛区、休息区等,确保各区域功能明确,互不干扰。

2. 引进先进的设施和技术

引进先进的设施和技术是非常有必要的,这不仅可以提升高校的教学、科研水平,还可以为学生提供更好的学习、实践环境。引进先进的场馆、设施,如建设多功能、现代化的体育场馆,可以满足学生的体育锻炼、运动训练和体育竞赛等多种需求。

通过虚拟现实(virtual reality, VR)或人工智能(artificial intelligence, AI)等技术手段进行科学的辅助教学,让运动员在虚拟环境中进行实践,为运动员提供个性化的学习方案;引进在线教育平台,为运动员提供丰富的学习资源和灵活的学习方式。新技术配合先进设施,制订科学的教学方案与训练内容,提高教学效果和运动员的竞技水平。

3. 加强设施的维护管理,适当进行设施共享

高校应建立并完善场馆、设施的维护和管理制度,确保场馆、设施的完好和安全。可以设立专门的维护团队,定期对场馆、设施进行检

查、保养和维修,及时排除安全隐患。高校还可以考虑与其他学校或社区共享场馆、设施,提高场馆、设施的使用率和社会效益。同时,也可以在保证学校正常教学和训练的前提下,适度向社会开放场馆、设施,增加学校的知名度和影响力。

第三节 强化运动员与教练员的质量管理

优质的生源是高校高水平运动队发展的核心。只有从法律程序、科学管理上规范高校高水平运动队的招生,才能保障队伍建设的质量。

一、规范招生程序

事实上,我国高校高水平运动队运动员的录取掌握在各个高校手中,根据我国现行高校高水平运动队的招生制度,由教育部对各高校的招生实行宏观控制,各省(区、市)的教育主管部门依据教育部的有关规定和精神,结合自身实际情况制定招生办法,负责对各高中运动员的报考资格进行审查,组织与监督体育测试,最后由招生院校进行录取。

为确保运动员的生源质量,各高校应面向普通高中招收具有一定文化基础和较高竞技水平的学生,同时还要招收一些体校的学生。在报考资格和录取条件上,应该在坚持全国条件基本一致的情况下,根据自己的实际情况灵活调整。

成立专门的高校高水平运动队招生机构。例如北京大学体育特长生招生工作严格按照规定的程序执行。由北京大学素质教育委员会第三分会与北京大学招生委员会联合成立"体育特长生招生组委会",主管体育的副校长任组委会主任,纪委书记、招生办公室主任和体育部主任、副主任任组委会副主任,体育部分管运动训练的副主任担任秘书长,下设专家评议组、专项测试组及办公室。每年通过北京大学招生网发布招生信息,并有重点地向全国各体育强校邮寄体育特长生的招生简章和报名标准。报名学生进行初选后,公开举行北京大学体育特长生招生测试。在测试前会召开招生说明会,成立由校外专家、专项教练员和部分教师组成的专项测试组,负责完成测试工作。测试结果报送专家评议组评议,评议结果报送组委会通过。最后,根据招生指标,确定入选的学生名单。入选学生必须参加高考,成绩合格者予以录取。整个招生过程本着"公开、公正、公平"的原则,学校纪委全过程监管并接受考生质疑。综上所述,为疏通招生渠道,确保优质生源,必须坚持以下三点。

(1)坚持从立法的角度规范高水平运动员的招收。国家相关部门必须将办高校高水平运动队视为发展我国竞技体育事业的一项重大国策,制定相应的政策法规,确保高校能招收到优质生源。

(2)拓宽运动员来源渠道。主要通过高中、体校和体工队三种渠道招收运动员,同时拓展来源渠道。积极支持有较高竞技水平的适龄退役运动员进入高校高水平运动队,为其他运动员提高技术水平发挥示范作用。

(3)统一进行体育测试,确保录取的权威性。杜绝不正之风,营造公开、公正、公平的人才选拔环境。

二、引进高素质教练员,加强管理与培训

如果说运动员是一个运动队的中心,那么教练员就是这个运动队的主体。教练员在运动员日常的学习和训练中起着重要作用,教练员的执教经验和方式是整个队伍的灵魂,好的教练员才能塑造出好的运动员,带出成绩优良的高校高水平运动队。结合目前我国教练员的整体现状来看,存在人才培养机制不够完善的问题,教练员队伍的整体水平与综合素质还不能适应现代训练和比赛的要求,因此,必须建立一套科学、规范的教练员管理制度。具体来说,重点要做到以下两点。

一是采用物质激励和精神激励相结合的办法。对于教练员的培训与进修,高校应在经济上给予大力支持,可采取带薪进修、有偿进修、学校补助等办法,促使教练员积极参加进修。当运动队取得比赛荣誉时,

也应给予教练员适当的荣誉和奖励。

二是加强对教练员的考核,努力探索并建立一套科学、合理的考核机制,将培训、聘任、评估结合起来。为了不断提高教练员的业务水平,学校应组织有关专家对教练员的工作情况定期进行考核,检验他们培训后的实际效果,合格者继续聘用并按规定晋级,成绩优秀者甚至可以提前晋级、晋职,从而将教练员的培训、聘用、评估结合起来。

第四节 构建高校高水平运动队的绩效考核指标体系

高校高水平运动队进行队伍建设的效果,取决于多项指标,须从各个方面综合评估。结合我国高校高水平运动队建设的理论与实践,参照相关文献和国家有关文件,笔者设计了我国高校高水平运动队的绩效考核指标体系。

高校高水平运动队绩效考核指标的一级指标主要由运动员竞争力、教练员竞争力、训练及竞赛效果、物质后勤保障构成,二级指标包括以下15个方面。

运动员的生源:主要指运动员的来源,以此衡量各高校高水平运动队运动员的质量。

运动员的文化素质:提高运动员的文化素质,这是解决学训矛盾的有效措施。

运动员的训练适应:主要指运动员适应竞技体育赛事及新环境的能力。

运动员的团队协作:主要指运动员和其他队员的协作与融洽相处的能力。

教练员的学历:主要指专科、本科、研究生(硕士、博士)等各学历水平的教练员数量。

教练员的执教经验:可以从教练员执教年限的长短进行考察。

教练员的业务能力和科研能力：可以从运动员的成绩变化和教练员所带队伍的参赛成绩进行考察。

教练员的指挥能力：这是教练员管理能力、执教水平等综合素质的体现。教练员要使整个队伍团结一致，取得荣誉。

资金的投入：主要指教育系统对高校高水平运动队建设的资金投入情况。

经费的来源：主要指高校高水平运动队比赛、训练等经费的来源。

给予运动员和教练员的奖励：主要指比赛取得好成绩时，高校给予教练员、运动员的奖励。

训练器材、场地的情况：主要指训练器材、场地是否满足运动员日常训练的要求。

竞赛制度：主要指竞赛制度是否合理，是否符合我国实际情况。

竞赛频率：主要指竞赛频率是否过高或过低，能否检验训练效果。

竞赛绩效：主要指竞赛的规模和层次能否提高高校高水平运动队的整体水平。

这些因素直接影响着高校高水平运动队的发展水平，各个高校都应根据自身的实际情况，综合以上指标体系，检视自身存在的问题并加以改进，最终使高校高水平运动队的整体实力得到提升。

第六章　高校高水平运动队的制度建设

第一节　高校高水平运动队激励制度的建设

一、高校高水平运动队激励制度建设的现状

体育强国建设是当代中国体育发展的重大战略目标。党的二十大报告提出："……加强青少年体育工作,促进群众体育和竞技体育全面发展,加快建设体育强国。"建设体育强国,能够加强经济建设,传播与弘扬中华优秀传统文化,对于促进物质文明和精神文明的发展具有重大意义。在实现体育强国这一战略目标的过程中,制度建设有着不可忽视的重要作用。良好的制度建设,能够保障高校高水平运动队日常的训练工作稳定有序地展开,助力教练员更好地了解和管理运动员的训练与生活,提升训练效果和合理安排训练计划。

高校是培养和输送体育人才的摇篮,为我国的竞技体育培养高素质、高水平的教练员和运动员。高校高水平运动队正是这一特殊群体的重要组成部分。当前,我国越来越重视高校高水平运动队的培养,高校高水平运动队的运动员已纳入竞技体育后备人才,肩负着加快体育强国建设的重要使命,但高校高水平运动队的制度建设还不够完善。其中,又以激发和鼓励高校高水平运动队训练与比赛的积极性、主动性和创造性的相关制度的问题较大,主要体现在以下四方面。

一是激励制度设计不当,限制了制度的有效性。激励制度设计得合理与否,决定了激励制度能否有效实施。常见的激励方式是运动员通过参加比赛取得名次,从而获得一次性奖励,但这种奖励方式不仅缺乏激励的连续性,过度重视临时性,而且注重比赛成绩激励,忽视训练

过程激励。奖励不能产生持久的激励作用,长此以往,运动员的价值取向就会受到影响,运动员会产生心理惰性,不仅影响训练和比赛的正常进行,而且会极大地降低他们在训练中的积极性。

二是激励制度模式单一化,缺乏激励方式创新。物质激励的正强化作用一直都是高校创设激励制度的关注点。直接将奖学金制度生搬硬套过来,将运动员在比赛和训练中的表现与奖学金、学分直接挂钩,这种物质激励手段几乎是高校高水平运动队激励运动员的唯一或主要手段。虽然物质激励不失为一种有效的激励方式,但缺少精神激励,必定会引发许多问题。运动员还处于青少年时期,单一的物质激励会促发运动员拜金主义和功利心的产生,从而降低他们对训练、比赛的激情,甚至影响未来就业。个人激励与集体激励是否结合,是否对运动员在校文化课的学习进行激励……这些都是值得思考的问题。

三是激励制度不健全,缺乏应有的约束制度。无论是物质上的惩罚还是精神上的批评,合理、明确、适度的约束制度都会对人们的行为产生一定的威慑和激励作用。约束的目的在于激励人们遵守规范,纠正自身错误行为,朝着正确的方向努力,使其在正确的轨道上前进。高校高水平运动队对运动员违反纪律的行为,主要以批评教育和口头警告为主,并没有制定有针对性的惩罚措施,大多数时候由教练员根据具体情况临时、武断、主观地决定。没有具体的约束制度,就很难对运动员起到威慑和劝阻的作用。

四是激励制度零散化,缺乏有效监管。为了能让运动员顺利参加比赛,有的管理人员甚至在考试时直接给运动员发答案,为的就是运动员能够顺利通过文化课考试,获得比赛资格。许多运动员因长期在外比赛而耽误了文化课的学习,即便回到训练基地后,高校也不会安排老师为其补课,不管分数高还是低,运动员的文化课考试都能及格。因此,要解决学、训、赛三方矛盾,设立监管是很有必要的。如果缺乏相关的监管机制来约束这些行为,将直接影响激励制度实施的效果,难以实现预期的目标。

二、建设高校高水平运动队激励制度的目的与意义

建设体育强国,要求提升我国竞技体育的综合实力,培养运动员高水平竞技能力,组建优秀的运动队,制定科学、合理的管理制度。现代竞技体育的发展逐渐趋向于对运动员心理和生理机能的极限考验,体育运动的黄金时期很短,又恰逢文化学习和社会实践的关键时期,运动员须有超强的毅力,付出更多的心血,才能取得比赛的胜利,获得优异的成绩。

激励运动员,将运动员的压力转化为动力,助其克服大负荷训练、比赛带来的身、心两方面的疲劳,以及文化课学习带来的疲惫,获得良好的训练、学习效果。要想实现这样的目标,就要以运动员为对象,建设全面、科学、合理的激励制度,使运动员能够积极主动地参与训练和学习。

制定激励制度是为了通过一系列方针政策、规章制度、行为准则、道德规范、文化理念及相应的激励措施,对运动员进行合理、有效、公平、客观的激励,通过激励制度产生驱动力和吸引力,使运动员产生实现组织目标的动机,形成实现组织目标的动力,维持实现组织目标的行为,并通过各种评价获得自豪感和适当的奖励,持续强化自己的行为。良好的激励制度是运动员保持和谐、稳定训练状态的重要因素,它能够使运动员在训练、比赛、学习的过程中,调动自身积极性和创造力,努力完成组织交代的各项任务,实现各项目标。适当地运用激励制度,还能够有效缓和运动员之间的矛盾,增强团队凝聚力,使运动员形成同舟共济的意识,齐心协力地应对训练和比赛。激励制度在一定程度上影响着高校高水平运动队的兴衰和运动员未来的就业,因此,受社会意识形态和竞技体育快速发展的影响,高校高水平运动队越来越需要激励制度来管理和引导运动员。所以,高校高水平运动队建立和完善激励制度,不仅具有特殊的理论意义和现实意义,而且是大势所趋,势在必行。

三、高校高水平运动队激励制度的主要内容

(一)激励及激励制度的含义

1. 激励的含义

激励(motivate)最初起源于拉丁文"movere",意思为"采取行动"。我国管理学家苏东水先生认为:在组织行为学中,激励主要是指激发人的动机,使人有一股内在的动力,朝着所期望的目标前进的心理活动过程。目前,对于激励的定义主要分为狭义和广义两种:狭义的激励就是激发、鼓励的意思,通常来说,就是调动人的积极性;广义的激励则是指运用各种有效手段激发人的热情,启动人的积极性、主动性和创造性,朝着期望的目标努力。基于不同学科领域与不同专业视角,笔者认为,激励是指通过设计适当的奖励形式与环境,以及既定的行为规范和惩罚措施,通过信息沟通,激励、引导,维护和规范组织及其个人有效实现组织和个人目标的过程。激励在管理中被用来激发个人的积极性,即利用各种有效的方法调动个人和团队的积极性与创造性,努力完成组织的任务,实现组织的目标。高校对运动员的激励主要是对运动员平时的训练表现和比赛成绩进行主观、客观的评价后,给予相应的奖惩,并通过奖惩来激励运动员保持训练、比赛的积极性,使之有效地完成组织交付的各项任务,实现更高的比赛目标。有效的激励能点燃运动员的训练热情,促使他们的训练动机更加强烈,产生超越自我、超越他人的欲望,推动他们为国家的竞技体育目标做出自己的贡献。

2. 激励制度的含义

制度是人们共同遵守的人为设定的办事规章或行动准则。许多情况下,制度也是某一领域的制度体系,如我们通常所说的政治制度、经济制度、法律制度、文化制度等。制度的出现降低了人们相互交往中的不确定性,同时又提供了一个社会激励机制。激励制度是通过制定一系列激励规程、规范来明确相应部门和人员的具体做事准则。高校高水平运动队的激励制度是指在高校以在校运动员为主体,在培养竞技

体育人才的过程中,为了激发运动员训练、比赛和学习的积极性,充分挖掘运动员的内在潜能,协调训练、比赛和学习三要素的组织工作,实现培养更多竞技体育人才并在比赛中脱颖而出的目标,从而制定和实施的相应规则与奖惩办法。

(二)激励制度的要素

要素意为"构成事物的必要因素"。制度实施起来是否有效,就系统和活动本身而言,依赖要素对系统、对活动所具有的积极效应,依赖要素的有效性。高校高水平运动队激励制度的要素主要包含物质要素、精神要素两大类。

1. 物质要素

我们通常认为,物质要素是以物质条件即发放奖金、补助等待遇为基础,涵盖高校高水平运动队的训练环境和条件,以及运动员的升学资格、就业机会等。物质要素具有"经济人"的特征。物质要素在高校高水平运动队的激励制度中处于最基础、最基本的地位。从目前对运动员的调查来看,多数运动员得到物质奖励后会更努力地投入训练和参加比赛。这也说明生存是第一需要,物质条件是最基础的。因此,物质激励是对运动员进行激励的重要手段,是其他要素激励的根本依托,在运动员激励中发挥着重要作用。

2. 精神要素

精神要素是指思想、道德、信念、情感、理想、意志等可以激发精神动力的所有要素的总和。精神要素具有"社会人"的特征。在这里,精神要素主要指运动员的思想意识、思维方式、心理需求等多方面因素,是运动员自我实现的激励因素,是激发运动员训练热情和提高运动员训练积极性的重要精神动力。运动员只有具有精神动力,才能稳定地投入比赛和训练,才能具有长远的发展。因此,高校高水平运动队的激励制度应着眼于运动员精神动力的激发和生成,这是激励制度建设的关键。此外,运动员是在高强度、高压力的环境下进行训练和比赛的,尤其是大型、高水平的赛事,对运动员的综合素质特别是心理素质提出了很高的要求。因此,除了重视激励的物质要素外,还须充分重视激励的精神要素。

(三)激励制度的原则

激励制度的原则是根据激励的目的、遵循一定的激励规律制定的,是确保激励制度正确实施的基本要求。激励制度的原则对激励制度的建设有着重要作用。

1. 引导性原则

外部激励措施能否达到预期的效果,不仅取决于激励措施本身,还取决于这些激励措施的知晓度和接受度。激励措施必须为人们自觉接受,而不是由管理者强加于人。通过制定实现组织目标的具体要求,并确保每个运动员都清楚这些要求,重点是通过使用激励措施来激励成员个人实现目标,从而实现个人和集体的协调发展。

2. 合理性原则

激励措施与激励制度要适配,要符合建设激励制度的目的和意义,要根据所实现的目标本身价值的大小确定适当的激励量。因此,要对运动员进行适度、适量、适时的激励,采取合理的激励方式,还应遵循公平的要求,奖惩要公开、公平、公正。

3. 时效性原则

在实施激励措施时,需要把握激励的时机,雪中送炭与雨后送伞的效果大不一样。激励越及时,就越有利于运动员的训练、比赛达到最佳状态,并持续有效地发挥自己的竞技能力和创造力。除此之外,保持激励的持久性和长期性也是建设激励制度不可忽视的重要因素。

4. 正激励与负激励相结合原则

正激励是对运动员和教练员符合组织目标的行为的奖励,而负激励是对运动员和教练员不符合组织目标的不良行为的惩罚。正激励和负激励都是必要的和有效的,不仅作用于当事人,而且会影响周围其他人。

5. 物质激励与精神激励相结合原则

单一的物质激励或精神激励都难以达到最佳的激励效果,要想对被激励者产生深刻、有效的激励效果,需要将两种刺激有机地结合起来。要想激励优秀的运动员,必须明白物质激励和精神激励的目的都是满足运动员不同层次的需求:运动员的需求层次越低,物质激励的效果越好;运动员的需求层次越高,精神激励的效果越好。因此,在对运动员进行激励的过程中,需要处理好物质激励与精神激励之间的关系。

(四)激励制度的结构

建构高校高水平运动队激励制度的核心是运动员个人的自我实现,以及推动竞技体育事业的改革和发展,在此基础上,不断实现运动员专业持续发展、自我认识价值和目标,不断改善训练环境和条件,提高运动员和教练员对竞技体育事业的奉献与热情。在激励过程中建立补偿性激励、保障性激励、发展性激励的运行体系,通过激励后的反馈建立高校高水平运动队的激励制度。

1. 补偿性激励

所谓"补偿",是为了达到对运动员这一特殊群体进行弥补及运动员之间相互补充以提高整体效益的目的而采取的措施。运动员与普通大学生相比,除了要承担学业的压力,还要接受刻苦的训练及参加比赛。因此,可以通过其他方式对其予以弥补,在一定程度上实现相对公平。高校高水平运动队补偿性激励主要指运动员入学前减免学费、竞赛后给予奖励及平时给予生活补助等,其宗旨是使运动员积极训练,获取优异的成绩,为竞技体育事业贡献力量。补偿性激励主要是以物质激励为主,通常指发放奖金、补助和提高待遇等。

2. 保障性激励

所谓"保障",是指作为社会成员之间的某种意义上的交互动态的有限支撑和支持。运动员有基本的生活需要,同时还需要高校高水平运动队给予他们训练的环境和条件。高校高水平运动队保障性激励主要指给予运动员在校的训练、生活、发展等基本保障,主要包含必备的训练条件、安全的训练环境、专业的培训等,其宗旨是使运动员能够安心参加训练,热爱体育事业。

3. 发展性激励

所谓"发展",是事物不断更新、不断变化的过程。运动员在训练、比赛、学习的多重压力下,不仅会考虑当前的问题,更会考虑今后自身的发展。高校高水平运动队激励制度需要满足运动员自我发展的需求,包含运动员的保研、就业等方面的激励,其宗旨是使运动员积极、自主地发展,提高运动成绩,推动体育事业的发展。

高校对运动员进行激励时,激励类型应多样化,在以运动员比赛成绩和排名为主要激励依据的基础上,还应将其学业成绩等纳入综合考评。

四、高校高水平运动队激励制度的实施路径

(一)加强和完善激励制度的建设

高校高水平运动队是实现竞技体育强国目标的重要战略队伍。激励机制的常态化实施,不仅能够为我国体育事业的发展带来更多的效益,同时也能够提高高校高水平运动队的竞争力,使高校高水平运动队在激励环境中稳步前行,实现可持续发展的目标。激励制度作为高校高水平运动队制度建设的一部分,应完善管理模式,优化各项目的训练效果。对国内高校高水平运动队激励制度的制定和实施情况进行分析后可以发现,这一制度的制定并没有得到管理者的重视,管理者大多忽视了激励制度的更新和改革,导致现有的激励制度和管理制度之间缺乏配合与联动。

激励制度是解决训练效率低下,以及提升运动员主动参与训练、比赛意识的关键手段。改进和完善高校高水平运动队的激励制度,需要国家体育总局、教育部体育卫生与艺术教育司和普通高校的领导、工作人员共同努力,辅助高校管理层制定出符合高校高水平运动队发展需要的管理制度,使高校高水平运动队在科学制度的支持下获得更好的发展。

首先,将激励工作作为提升运动员训练、比赛效率的重要手段,予以高度重视。高校高水平运动队的管理人员应从自身工作入手,转变观念,从思想上认识到激励工作的必要性,做好激励工作的设计和管理工作,为激励制度的应用提供保障。其次,在训练中贯彻激励制度的思想理念,加强运动员对激励制度的认知,在日常实践中体现激励制度的作用。运动员是激励制度的实施对象,也是激励制度的受益者。如果运动员对这项工作有错误的认识,不仅会影响激励制度的实施,还会极大地影响运动队的改革与发展。因此,高校管理部门可以适当地组织一些活动,将激励制度与运动员的切身利益联系起来宣讲,以提高运动员的认识,为制度的实施做好铺垫。再次,管理者和教练员应通过学习,掌握管理知识,自身充分意识到完善的激励制度对高校高水平运动队发展的重要性;对运动员也是如此。通过这样的措施,三方共同提高认识,树立统一的思想。最后,从我国国情出发,依据当前高校体育管理体制的总体特点,对激励制度进行系统的开发和科学的构建,使激励制度的不同要素之间既相对稳定,又充满活力,以适应社会经济发展和高校竞技体育发展的需求。

(二)实行灵活多样的激励方式

在高校高水平运动队的激励工作中,普遍存在的问题是激励策略多为"一次性"的,不能满足提高运动员训练积极性的需求。一般来说,高校高水平运动队的激励机制分为有形(物质)和无形(精神)两方面,其中有形激励主要包括底薪和社会福利,有些高校除了底薪外,还会给予运动员其他经济奖励,以此来提高运动员训练的积极性。这种激励方式虽然可以满足优秀运动员的物质需求,但无法满足运动员的精神需求,对激励运动员更加努力地进行训练效果有限。部分运动员在训练中更渴望获得非物质方面的鼓励,更希望管理者能够肯定自身的训练、比赛成绩。由此可见,单纯予以经济补偿或奖励的激励手段,不能完全提升运动员训练的积极性,无法全面展现激励制度的优势。

为了更好地体现激励制度的优势,满足运动员的物质需求和精神需求,高校高水平运动队须在原有的物质激励的基础上进行创新,加入更多的激励策略,提高运动员的满意度,为教练员和管理人员提供更多的支持与动力。

首先,对不同项目、不同层次运动员的物质激励和精神激励应因人而异。运动员专长的运动项目属性不同,对激励的要求也自然不同。有的运动员希望通过自己的努力获得更多的奖金,有的运动员希望得到更多的认可。可以将物质激励和精神激励有机地结合在一起,针对运动员的训练项目和目标,给予一定的经济奖励和精神鼓励,如奖金、评优评先等,满足运动员的身心需求,使其在训练过程中产生更多的归属感,从而激励其刻苦训练。其次,联系高校高水平运动队的长远目标,采用中长期激励的策略,让运动员明确为什么要接受激励,为什么要积极训练。总之,对运动员的激励方式,除了采用一次性奖励外,还应充分重视精神奖励的作用,并与阶段性、终极性奖励相结合,通过多样化的激励方式,保持激励效果的长期性。

因此,高校对运动员的奖励,除了物质奖励外,还应高度重视精神奖励的重要性,拓宽精神奖励的范围,通过多种形式的精神奖励,将满足运动员的精神需求作为激励调动的一种方式,使精神奖励成为奖励运动员的主线。此外,除了物质激励和精神激励外,还可以通过政治激励,如成绩优异、表现良好的运动员优先入党,给予荣誉称号等激励手段,切实做到有形激励与无形激励相结合。另外,要进一步探索、建立以成绩为导向的训练评价机制,制定周期合理、注重成绩质量和社会价值及科学、合理、公平地反映运动员的努力和贡献的训练成绩评价体系，通过管理训练成绩等措施完善高校高水平运动队的长效激励机制，为运动员的发展创造一个便利、和谐、公平的环境。

（三）将激励制度纳入社会保障体系

要加强高校高水平运动队的激励保障，避免敷衍塞责。高校高水平运动队的激励机制要发挥作用，还要有一定的人、财、物的支持和保障。因此，为了建立高校高水平运动队的长效激励机制，我们可以考虑与运动员的社会保障体系并轨联结。首先，应根据各运动项目的特殊性和运动员的技术水平、贡献差异等，建立多层次、有差异的工资补贴制度，将当前利益与长远利益有机结合起来。其次，完善优秀运动员的保险制度，可以采用适当的保险作为奖金，如伤残保险、医疗保险等，照顾和保障高校优秀运动员的切身利益。具体来说，就是对从事高强度训练和比赛的运动员，以社会保障体系为主体，以提供稳定的激励待遇为基础，确保优秀的运动员长期投入学习、训练和比赛；对于教练员，可探索、建立以稳定性为基础、以竞争性为补充的奖励制度，提高教练员的收入保障水平。如此建立并加强高校高水平运动队的梯队建设，可增强运动员与教练员的活力。

（四）加强思想教育和引导

鉴于现有的体育激励制度大多强调物质奖励，正确认识高校高水平运动队的激励制度，避免功利化，加强对运动员的思想教育和引导则极为重要。为高校高水平运动队建立相应的激励机制是队伍长效发展的必然举措，鼓励对做出突出贡献的教练员与运动员实行评分定级，实行积分化管理并给予合理回馈，以符合现代竞技体育精神，体现对训练价值的认同与肯定。这种激励制度的实行，有可能使得某些组织和个人为谋求"特殊照顾"而令积分制变味，甚至扭曲部分运动员的价值观，因此，坚决不允许滥用积分或制造积分"炮制"典型，杜绝一切有失公平、违背正义的不当行为，坚决防止激励制度积分化走向功利。一方面，可以通过思想教育和引导，以及满足精神需求，调动积极性，提升运动员、教练员的精神境界；另一方面，可以通过思想教育和引导纠正运动员、教练员的训练理念，使其形成正确的思想意识，防止出现错误的倾向。

　　首先，需要加强对高校高水平运动队管理人员能力的培养，通过思想教育，提升其专业能力与职业素养，使其能在训练工作中实现自身的价值，展示自身的专项能力，同时针对管理工作的特点，组织个性化的培养活动，丰富其知识结构，提升其管理水平。其次，加强运动员的思想教育和引导，培养其对激励意识的正确认识，为其树立正确的训练、比赛理念，为激励制度的建设提供思想支持，优化激励制度实施的质量。通过思想教育明确运动员所做出的贡献，能够使高校高水平运动队更好地理解需要与担当之间的辩证关系。

（五）重视激励制度的监管工作

　　首先，不管是国家的运动队还是高校的运动队，在建设激励制度时均应注意监管机制的构建——大多激励制度的建设与实施都设置明确，但却忽略了监管工作的构建，这很容易导致权力的倾斜和滥用。应完善高校高水平运动队激励制度的监管治理章程，做到有章可依、有章可循。在体系构建层面，健全高校高水平运动队管理人员的建设，落实其职权，加强监督的有效性，充分发挥制度建设的价值。其次，加强高校管理层和运动员对激励管理的认识。有效的激励制度在促进教练员高水平执教方面发挥着重要作用，因此，高校管理者和高校高水平运动队教练员应转变传统的管理观念，充分认识到激励制度对提高运动员成绩的重要性，认识到激励制度在高校高水平运动队管理中所起的积极作用。在设计运动员的持续发展和激励制度时，应从长远的角度出发，将运动员的个人发展和激励制度有机结合起来，进行整体性的考虑。再次，要结合高校高水平运动队管理的实际情况，深入研究运动员的个性化需求，建立科学的差异化激励机制。最后，还须提高运动员对激励制度的整体认识，激发他们在训练中的荣誉感和归属感。

第二节 高校高水平运动队保障制度的建设

一、高校高水平运动队保障制度建设的现状

自新中国成立以来,中国运动员社会保障的建设从伤残抚恤、医疗照顾、文化教育、退役安置、收入分配、福利待遇等方面不断推进,为促进我国的竞技体育事业健康、快速、持续发展提供了制度保障。2006年11月10日,国家体育总局、财政部、劳动和社会保障部(现已被整合划入新组建的人力资源和社会保障部)联合发布了《关于进一步加强运动员社会保障工作的通知》(体人字〔2006〕478号),初步构建了中国当前的运动员社会保障体系框架,对运动员社会保障制度的完善将起到至关重要的作用。高校高水平运动队是促进我国竞技体育事业发展的重要力量之一,我们要清醒地认识到,社会保障要满足高校高水平运动队建设的实际需要,不能因运动员保障制度的不到位而影响竞技体育资源的优化与和谐社会的构建。

目前,关于高校高水平运动队的研究相较之前多了不少,但关于高校高水平运动队保障制度建设的研究仍不多。随着社会主义市场经济体制的建立,影响高校高水平运动队保障的许多问题尚未解决。一是高校高水平运动队保障制度空缺。我国高校高水平运动队社会保障制度的基本框架虽已初步形成,但如何建立仍缺乏系统的研究,运动员的权益仍然得不到充分的保障。二是学习、训练与竞赛的矛盾难以协调。高校精英运动员的学习权与普通学生的学习权本应没有区别,但运动员为了参加训练和比赛,须另抽出时间来学习。增加训练时间和强度,增加比赛次数,都会对完成规定学业产生负面影响。现阶段,高校并没有相应的管理细则对精英运动员的学习、训练、竞赛的管理进行明确规定,大多数学校会根据具体情况制定一些相应的政策,但往往会因训练、竞赛而忽视对学习的管理。三是忽视建立配套的保障制度监督体

系。对运动员进入高校后的训练、比赛和学习的监督形同虚设,相当一部分运动员进入高校后不积极参加训练和比赛,有的甚至连学业都荒废了。为了保证高校高水平运动队的发展,对运动员入校后的监督应涵盖训练、比赛和学习,并与高校高水平运动队的资格认证和管理政策直接挂钩。四是高校高水平运动队的主体应是高校自身,高校的管理人员须对本校运动队保障制度的落实进行监督和管理。但目前,各高校往往会忽视对运动队的监督管理,出现监督不及时、不到位或者监督方法不得当的情况。这些情况如不及时制止,严重时将会导致运动员得不到公平合理的保障,不能保证运动员的合法权益,保障制度的优势难以发挥。此外,运动员的就业渠道狭窄、医疗保障欠缺、资金来源单一等因素,都会对其基本生活、训练、比赛产生重要影响。

二、建设高校高水平运动队保障制度的目的与意义

保障制度是对运动员作为保障主体所应得到的权利的制度安排。我国经济的持续、快速发展和体育的社会化,对运动员的保障提出了新需求,也推动了我国运动员保障制度的发展。

《教育部关于进一步加强普通高校高水平运动队建设的实施意见》(教体艺〔2017〕6号)中指出:"普通高校建设高水平运动队的主要目的是引领学校体育课余训练和竞赛发展,为国家培养全面发展的高水平体育人才,完成世界大学生运动会及国际、国内重大体育比赛任务。"但是,高校的运动员在国内外大赛上多次取得优异成绩的同时,也面临巨大的挑战,这些挑战将会对他们的训练状态和比赛成绩产生直接影响。运动员成绩的提升与训练的保障有着显著的正相关关系,参与训练的稳定性和积极性必须以完善的保障制度为支撑点,因此,改进和完善高校高水平运动队的保障制度,将有利于运动员在面对挑战时保持稳定的竞技状态,获得优异的比赛成绩。

另外,高校高水平运动队保障制度建设的合理性也决定了运动员的保障得以运行的有效性。因此,在现有的体制环境下,应加强对高校高水平运动队保障制度的研究,进一步完善保障政策,健全保障体系,有效解除运动员的后顾之忧,有效地解决运动员面对挑战所承受的风险,以保证训练质量和比赛成绩,从而稳定竞技体育队伍,推动我国体育事业的可持续发展。

三、高校高水平运动队保障制度建设的主要内容

（一）保障及保障制度的含义

1. 保障的含义

保障,在《现代汉语词典》(第7版)中定义有二:作为动词使用时,为"保护(生命、财产、权利等),使不受侵犯和破坏";作为名词使用时,为"起保障作用的事物"。对高校的运动员来说,作为社会的一员,保障是有限的支持,是对其作为社会成员在交往动态方面的支持,如基本生活、基本医疗、就业、失业、分阶段教育、基本养老、住房条件、安全保障、合理正当的言论自由等。保障必须通过逐步提高整个社会的文明和繁荣程度,逐步完善整个社会的法治来建立。

2. 保障制度的含义

社会保障制度是国家和社会根据有关法律和规定,通过国民收入再分配及其具体的形式,保证社会成员获得法定的基本生活权利,以实现社会正义和社会稳定的各种制度。高校高水平运动队的保障制度是国家、社会与高校共同制定的,以保障运动员的物质生活基础为目的,涉及人、物、财等方面的全部要求和基本保证,以确保运动员以良好的状态投入体育运动而建构一系列的规程、规范,要求大家共同遵守的办事规程和行动准则。高校高水平运动队的保障制度主要包含经济保障、社会保障和教育保障三方面。

（二）建设高校高水平运动队保障制度需要的经济保障

经济基础决定上层建筑,竞技体育也不例外。高校高水平运动队的发展受到诸多因素的影响,其中经济因素是影响高校高水平运动队发展的主要因素。目前,高校高水平运动队的经济来源主要以学校的

财政供给为主、校外商业赞助等为辅,包括运动员训练补助、教练员训练补助、器材装备补助、运动员参赛补助等。

1. 运动员训练补助

运动员训练补助分为集训期间补助和日常生活补助。不同时期、不同水平的运动员,其补助标准是有差别的,运动队里的核心成员或比赛成绩较好的运动员的补助会略高于一般成员的补助。

2. 教练员训练补助

教练员的训练组织水平和执教水平的高低关乎着运动员能否取得优异的运动成绩。教练员的水平越高,运动员竞技能力的提升就越快,越容易取得优异的比赛成绩。因此,教练员训练补助是参照教学课酬发放的。教练员训练补助的高低与教练员的基本待遇、执教年限、训练成果有着显著的正相关关系。

3. 器材装备补助

众所周知,体育运动需要器材、设备、场地的支持,良好的硬件设施设备能够保证运动员快速提高竞技能力,是高校高水平运动队训练的必备条件。在训练过程中,维修场馆、增加器材、更新高科技产品都需要大量的资金,器材装备补助不足必然会导致训练质量下降,影响运动员的成绩,致使运动员无法取得优异的运动成绩。

4. 运动员参赛补助

运动员参赛补助的使用范围包括注册费、报名费、差旅费、住宿费、伙食费、药品、饮用水,以及其他必需的费用。在遵守学校财务管理制度的前提下,应进一步加强运动员参赛补助的管理,合理安排运动员参加各项竞赛的经费支出,节约经费开支,提高资金使用效率,确保高校高水平运动队的竞赛工作正常运转。

(三)建设高校高水平运动队保障制度需要的社会保障

社会保障是为人类社会长久发展而建立的制度安排,现已成为现代各国社会制度的重要组成部分,是人类社会制度文明化的根本标志之一。根据《关于进一步加强运动员社会保障工作的通知》（体人字〔2006〕478号）文件精神，应加强对高校高水平运动队的管理，做好运动员的社会保障工作，预防各种事故的发生，为高校高水平运动队的队伍建设和竞技体育的长远发展提供良好的条件。目前，我国高校高水平运动队实施的社会保障制度主要包含医疗保障、工伤保险、健康安全保障等。

1. 医疗保障

竞技体育是一项具有高风险的体育活动，在训练过程中运动员很容易出现拉伤、骨折等突发状况，及时有效的治疗可以防止病情的恶化。医疗保障可以减少运动员因伤病中断训练的概率，提高训练效率和训练年限，是运动员社会保障中的重要组成部分。

2. 工伤保障

为满足人们不断提高的对竞技体育认可度、娱乐性、未知性的需求，各类运动项目不断推陈出新，对抗日益激烈，不断挑战个人技术和体能的极限，竞技体育的"危险性"不断增大。高校的运动员既是学生，又是职业运动员，其职业的高危性和高付出性使得他们在长期繁重的训练与激烈的比赛中非常容易受伤。为避免运动员因为没有相应的工伤保险而耽误救治，自己的运动成绩下降甚或威胁到职业生涯，应确保高校高水平运动队的工伤保险安排到位。

3. 健康安全保障

做好高校高水平运动队的健康安全保障非常重要。从执教者的角度来说，训练过程中的量度和强度，必须根据不同性别、性格特征、健康水平、运动年限等加以区分，在计划实施过程中还要做好训练的反馈与被反馈，出现问题要及时微调。执教者自身必须具备全面的健康素养理念，有基本的急救能力，对运动员的突发事件可以做好暂时性的防护急救处理。从管理者的角度来说，须给运动员提供规范的训练场地、装备和运动损伤康复设施等，配备专业人员及时为运动员解决伤病等问题,以及为运动员的训练、外出比赛购买相应的健康意外保险等。

(四)建设高校高水平运动队保障制度需要的教育保障

1. 学习保障

高校的运动员分为本科生和研究生两种。本科阶段的运动员须完成所学专业的培养目标,达到学分要求,才能毕业。研究生阶段的运动员要完成第一学年所学专业要求的学分,撰写论文,才能毕业。有效的保障能够使运动员在提高文化知识素养的同时,提高专项运动的知识素养,促进训练的科学化,完成体育人才的培养目标,最终成为复合型人才。

2. 升学保障

目前,本科阶段运动员的升学途径有保送研究生(以下简称"保研")和考研究生两种:多数高校的保研名额是有限的,会根据运动员的比赛成绩、英语四六级通过情况等,给予保研资格;报考研究生考试的运动员有运动技能等级证书,具有一定的技能水平,在复试方面有一定的优势。我们要保证运动员的升学资格,在一定范围内给予关照,这对于运动员当前或未来的发展都是至关重要的。

3. 就业保障

不同的学校和不同专业的运动员,就业去向有所不同。就业主要取决于运动员所学的专业,非体育专业的运动员与体育专业的运动员相比,就业范围相对大一些,而体育专业的运动员就业多以教师、教练员为主。由于高校的招生规模不断扩大,毕业生就业本就很难,而运动员由于自身条件的限制,就业难的现状更加明显,这一状况已成为制约我国高校招收和培养运动员的一大障碍。因此,确保就业成为高校输送优秀运动员的重要影响因素。高校的优秀运动员如果没有扎实的文化功底和专业技能,仅靠运动能力,毕业后很难在社会上立足,为此,高校应建立运动员就业保障体系,帮助优秀的运动员顺利就业。

四、高校高水平运动队保障制度建设的实施路径

(一)不断完善保障制度

为了适应时代发展给运动员带来的新挑战,需要建立新的发展理念来指导、管理运动员的保障工作,相关部门和高校的管理者及运动员、教练员都需要转变观念、更新观念,通过完善保障制度,提高制度实施的效率。首先,在充分考虑保障制度建设人性化的基础上,制度的制定应从实际出发,给予运动员和教练员知情权等,尊重运动员和教练员的实际需求,获得他们的认同和支持,使保护框架的制定在所有相关人员的共同参与下完成,获得相关人员的认同,大家能够遵守制度,从而提高制度的有效性。其次,运动员的保障制度应体现权利和义务相结合、公平和效益相结合、保障水平和经济发展相结合的原则,并结合这些原则建设和完善高校高水平运动队的保障制度。最后,应进一步加强政策宣传,使社会充分关注运动员这一特殊群体,加强政府、体育行政部门与高校对运动员须施以保障这一理念的重要性的认识,进一步完善我国高校高水平运动队的保障制度。

总之,只有重视高校高水平运动队保障制度的建设,保障制度的制定才可以为运动队开展丰富多彩的体育活动提供切实的保障。同时,高校在制定运动队的保障制度时要考虑到方方面面,对运动员的训练和生活都要有相应的保障。

(二)建立保障管理体系

完善保障制度是基础,建立保障管理体系是根本。要想建设好高校高水平运动队的保障制度,建立一个匹配、健全的高校高水平运动队保障管理体系势在必行。制度的生命力在于执行。高校高水平运动队的保障制度由于评估、监督制度的缺失,在实践中的落实程度、目标实现程度等都不是很好,基本呈现"有要求,缺保障,没监督"的尴尬局面。因此,仅仅具有完善的保障制度,对于保护运动员的权利是不足的,还应建立合理的保障管理体系。

对高校高水平运动队保障制度的监督可以围绕三方面进行。首先,实施运动员常态化教育。运动员与其他普通大学生一样,是受教育权的普遍主体,享有受教育的基本权利。对运动员的教育进行监督和管理是运动员受教育权的最好保障。其次,要对保障制度的落实情况进行监督和控制,定期发布公告,采取全面监督。最后,建立公示制度。全媒体时代的信息公开可以有效保障公众的知情权,从而有效实施社会监督。建议建立高校精英运动员保护工作信息公开制度,定期公布工作的实施结果和评估结果,让公众及时了解运动员的生活状况,接受全社会的监督。此外,高校运动员的保障工作进展缓慢、难以落实的一个重要原因是缺乏对相关管理者的问责和监督机制。高校须高度重视运动员的保障工作,建立自上而下的问责机制,从制度入手,促使管理部门关心和重视运动员的保障,凡在工作中出现失误和过失,造成重大不良社会影响或直接引起运动员不满情绪的,要依法追究责任,对行政不作为的有关工作人员要依法追究行政责任。通过专人或专门机构负责机制,杜绝高校优秀运动员的流失,确保高校高水平运动队的各项工作得到全面的贯彻落实。只有这样,才能加强对运动员合法权益的保护,才能以此控制、监督高校管理部门手中权力的行使,从而防止权力的滥用。

(三)拓宽保障资金来源

高校应积极拓宽保障资金的来源。现阶段,大多数高校高水平运动队的经费主要依赖学校拨款,甚至学校拨款成为唯一的资金渠道,而这单一的渠道难以满足高校高水平运动队改革和发展的需求。拓宽资金来源可打破这一困境。根据《关于高等学校课余训练试点工作评估方法》中的有关规定,高校的运动员年度训练经费标准应为人均4000~5000元。一些高校高水平运动队出现训练条件差、津贴低、食宿条件差、比赛经费不足等问题,这些问题都与经费有关。可以说,经费不足是高校高水平运动队面临的主要问题,严重制约了高校高水平运动队的发展。《中华人民共和国体育法》明确提出:"国家鼓励社会资本投入体育产业,建设体育设施,开发体育产品,提供体育服务……国家鼓励社会力量发展体育事业,鼓励对体育事业的捐赠和赞助,保障参与主体的合法权益。"因此,要解决高校高水平运动队保障资金不足的问题,就必须拓宽经费的来源渠道,使其不再单一化。

我们可以从四方面入手。第一,鼓励运动员多参加比赛,争取获奖,让自己的成绩被大众看到,以获得更多的资金支持。第二,经费结构的多元化是解决经费问题的有效途径,可通过校企合作平台加宽加深学校与企业的广泛合作,获得企业的物质支持和资金捐助,同时积极探索高校高水平运动队与企业(或俱乐部)的共建发展。第三,通过立法来保障高校高水平运动队的资金,规范资金的使用和管理。高校高水平运动队的财政管理应透明,并由专门的监督和仲裁机构进行实时监督。还应立法支持社区和高校高水平运动队之间的联合活动,明确规定联合活动各方的责任和义务。第四,可以利用现有的校内设施、场地等资源为一些体育活动提供服务,赚取服务费。

(四)增强运动员权益保护意识

回顾我国体育事业发展的历史和实践,我们可以清晰地发现,在一些历史时期,部分运动员养成了"等、靠、要"的依赖心理。随着我国深入推进法治社会的改革,我们正在进入一个权益表达的时代,人民的权益得到更大程度的实现和发展。在这一变革时期,高校的优秀运动员作为市场经济体制下我国竞技体育发展的一个特殊群体,比以往任何时候都更加积极主动,对自身权利有了更深刻的认识,对共享新时代体育发展成果有了更迫切的需求。

为此,高校高水平运动队的保障制度也面临更大的挑战。有效的制度是实现制度均衡的关键因素,因此,高校一方面须加强法律知识宣传,增强运动员的权益保护意识;另一方面须加强运动员的风险教育,强化运动员的风险责任意识和自我保护意识,消除因机会主义和短视行为导致的保障需求不足。

(五)增加运动员升学、就业机会

高校高水平运动队的保障制度主要围绕运动员当下及未来的发展进行保障,而顺利升学或就业正是实现保障制度的核心和关键,也是运动员的实际需要。对此,要把运动员的升学、就业等未来发展放在突出位置和重要地位来保障。

目前,我国运动员的升学途径有两种:一是本硕连读,是由本科直接保送进入硕士研究生阶段学习的一种培养方式;二是运动员本人通过参加研究生考试,以最终成绩排名录取为硕士研究生。如今,每所普通高校都有直接保送优秀学生攻读研究生的名额,但这一名额相对较少,大多数情况下在10%左右,而保送体育特长生的名额则更少。普通高校应根据学校的特点,适当增加本科生保送研究生的名额,特别是增加体育特长生保送研究生的名额。对于自主报考硕士研究生考试的运动员,普通高校也应适当增加体育类研究生的招生名额,大力支持运动员的深造。

根据当前的就业形势,学校各部门应紧密联系,把运动员的就业放在首要位置,与企事业单位深入探讨,明确了解企事业单位的人才需求,与企事业单位签订人才培养合同。还可以让相关部门通过专业的培训体系,帮助运动员主动规划职业生涯,提高运动员的就业意识;帮助运动员掌握与职业发展相关的技能,提高就业竞争力。此外,运动员还要结合自身的专业素质,充分发挥自身的技术优势,积极参加校内外的创业比赛和创业项目,以便实现就业,提高收入水平。

(六)建立合理标准,调节好学、训、赛三方矛盾

高校的运动员既有学习的权利,也有完成训练和比赛的义务,因此,高校对运动员的管理应兼顾学习和训练两方面,让运动员既有时间学习,又有时间训练。对运动员实行双重管理,在学分制基础上延长在

校学习年限,减免课程及其学分,制定合理的评分标准,为运动员配备经验丰富的文化课教师,制订合理的训练、学习计划,以科学化的训练减少训练时间……这些都是缓和学、训、赛三方矛盾的有效手段。高校对运动员的管理应该是全方位的,包括对其政治思想、文化学习、训练与比赛、生活制度、膳食营养的管理等。高校应充分注重运动员的学习、训练、比赛,调节好学、训、赛三者之间的矛盾,培养双创型人才,全面提升运动员的自学能力、沟通能力、团队协作能力、创新能力、竞赛能力及未来的科学研究能力,为社会输送更优秀的人才。

第三节　高校高水平运动队约束制度的建设

一、高校高水平运动队约束制度建设的现状

当今体育界渴求知识型体育人才,高水平的知识型体育人才不仅要有扎实的知识基础和体育技能水平,还要有很强的学习能力。这种学习能力不仅有助于他们快速学习理论内容,还有助于他们快速适应新的环境和制度规范,同时在重大比赛中取得优异成绩。

高校是培养知识型体育人才的摇篮,建设一批高水平的运动员队伍,是国家竞技体育事业发展的必然要求和产物。运动员是我国竞技体育水平发展的核心主力,高校高水平运动队是连通体育与高校体育教育的桥梁。高校的运动员拥有较强的机动性和刻苦的训练观念,他们不但要进行知识学习,更重要的是要通过长期刻苦的训练取得优异的竞赛成绩。但训练的长期性和比赛的复杂性使得我国高校高水平运动队的管理模式出现问题,许多教练员和运动员受到外界环境的干扰,容易出现思想滑坡,无视或违反相关法律法规。

目前,高校高水平运动队的约束制度还不够完善,也不成体系,单一的约束制度难以达到约束的目的,因此,高校可以通过制定和实施有效的约束制度来进行更有效的管理。没有强有力的约束制度,高

校高水平运动队的训练和比赛就无法顺利进行。制定的约束制度一定要对高校高水平运动队的每一个成员均能有效实施,约束制度不能成为"摆设"。

二、高校高水平运动队约束制度建设的目的与意义

高校高水平运动队的不断进步离不开常态化、制度化的约束机制,这是高校高水平运动队长久发展的关键,也是持续发展的重要基石。约束是可以利用制定相关制度的方式来实现的。约束机制是借助制定相关的文件制度,对个人实施管制,以此约束个人行为,避免危害组织、集体利益的现象发生。高校高水平运动队以建立、健全约束制度为前提,做好科学有效的管理,可保证运动队有秩序、高标准地发展。作为一个特殊的群体,高校高水平运动队要有明确的管理方案,分管运动队的领导应针对具体情况制定相应的约束制度,以制度约束教练员和运动员的行为,将训练和竞赛的利益最大化。

在对高校高水平运动队进行准确定位的基础上,应遵循运动队的发展规律,明确高校高水平运动队所要实现的目标及发展的意义,再制定高校高水平运动队的约束制度,并不断进行创新、改革,对教练和运动员的行为举止进行科学的管理,提高其整体素养,合理平衡运动员的训练、竞赛和学习,尽最大努力将所创建的运动队打造成强队,以实现我国高校高水平运动队的高质量、高规格发展。

三、高校高水平运动队约束制度建设的主要内容

(一)约束及约束制度的含义

1.约束的含义

"约束"一词,古有"盟约"之意,《战国策·燕策》有载:"坚明约束。"在现代,约束意为"限制使不越出范围"[《现代汉语词典》(第7版)],有束缚、限制、管束等意。约束有主动和被动之分:主动约束自己,与自律相似;被动约束则是通过别人的提醒或者管制,让自己的行事更有分寸。

2.约束制度的含义

约束制度具体是指从法规、制度的层面去约束主体行为,规制主体理念或主体做事准则,体现出一定的强制性、普遍性和约束性。在高校高水平运动队的约束制度中,需要结合运动员和教练员的特点制定出约束的标准,对运动员和教练员的行为做出指导,规范、限制、约束不良行为。高校高水平运动队的约束制度可包含训练约束、竞赛约束、学习约束、生活约束等多项内容。在约束制度制定的过程中,需要严格遵循"以人为本"的原则,确保约束制度的制定能够以运动员、教练员为主,在遵规守纪的基础上不侵犯他们的核心利益。

(二)训练约束

有惩戒的训练是理性的训练,约束是惩罚的过程,高校拥有国家法律所赋予的管理控制权,可以对运动员的违规行为做出带有约束性质的惩戒,以避免违规行为的再次发生,巩固遵守规范的意识和理念。训练是运动员的主要任务,是运动员取得比赛胜利的关键因素。为保证运动员的身心健康,维持学习与运动的平衡,许多高校对运动员的训练、休息时间进行了严格的规定,但在训练的过程中仍然有缺乏训练的热情和激情、训练的自觉性和积极性低、被动式参与训练、在训练中自我意识过强、承受能力差等情况发生。因此,实施高校高水平运动队约束制度,可有效地对在训练过程中出现不良行为、言论或情绪的运动员进行约束,摆正运动员的态度,从而提升训练效果,帮助运动员顺利完成训练目标和任务。

苏联教育家马卡连柯指出:"凡是必须使用惩罚的地方,凡是使用惩罚能够有益的地方,教师就应当使用惩罚。""无论哪一个教师,都不应该矫揉造作地说'我是圣人,不使用惩罚'。"教练员就是指导训练的教师,他既是约束制度的遵守者,也是约束制度的实施者,是高校高水平运动队管理工作的重要决策者。教练员应把握好训练工作,在带领运动员完成训练任务的基础上,也要对运动员在训练过程中的不良行为等进行约束,通过相应的惩罚纠正运动员的训练态度,完成训练任务。

(三)竞赛约束

竞赛本身就是一种有着非常明确约束的技术对抗性活动。竞赛约束是竞技体育技术健康发展的必要前提,它不仅规范了在比赛中使用技术的方式,也规范了开展技术训练的方式。确定运动成绩的方法和权力是竞赛约束的一个关键问题。此外,竞赛是竞技体育的主要内容之一,每所高校都渴望自己的运动队在赛场上获得胜利,而比赛资格约束和比赛过程约束的存在,是为了创造一个更加公平、合理的资格依据,为运动技术的发展创造制度条件,以减少比赛的不确定性。对运动员而言,能否正常参赛将由教练员、队医等决定。当运动员存在不良行为时,会影响其比赛的成绩,严重时甚至可能导致成绩取消、退赛或开除等严重后果。因此,需要对运动员在竞赛方面进行严格的约束,保证竞赛的公平性,保障运动员能够顺利参赛,获取比赛成绩。

(四)学习约束

接受知识教育是运动员的首要职责之一,他们的毕业、升学标准并不会因为其运动员的身份有所降低。我国一些普通高校对于运动员的学习管理不是很严格,运动员长期以接受训练为主,整体学业成绩落后于普通大学生。在此基础上,为提高运动员的学业成绩,应建立约束制度,促使所有的运动员必须做到定期上课并完成相关学业要求,能够顺利毕业,获得学位,取得学位证书。可着重约束学习态度不端正(如旷课、早退等)、学术不端(如论文抄袭、造假等)行为,帮助运动员做到学术诚信、按时上课、完成学业要求,帮助他们完成学习与训练、竞赛之间的衔接过渡;定期对运动员的学习进行评价,对没有达标的运动员实施惩戒,以此来帮助运动员认真地对待学习。

(五)生活约束

当普通运动员成为一名高校高水平运动队的运动员时,他们的生活就与国家关于体育的大政方针政策及学校的规章制度等紧密联系在一起。因此,高校不仅要约束运动员在训练、竞赛、学习方面的行为,也要约束其生活行为。运动员的生活约束主要包括遵守法律法规和学校的规章制度,禁止利用任何体育活动进行赌博,禁止剽窃、偷盗、酒驾,等等。随着互联网的飞速发展,运动员越来越受到各大媒体的关注,在进行采访活动及身处重大场合时,应注重自己的态度、衣着、语言表达等,在社交网络上的言论也必须遵循体育部及高校的指导方针,避免发表不当言论或做出不良行为,影响高校高水平运动队及自身的发展。

教练员在指导和约束运动员的行为举止时,也要注重自身的言论和行为,起到模范带头作用。评定一个教练员是否优秀,一方面通过工作能力、竞赛成绩等去判断,另一方面通过他的生活作风去判断。具有良好生活作风的教练员在自我管理的同时,还能在队内发挥带头作用,培养运动员的自我管理能力。

四、高校高水平运动队约束制度建设的实施路径

(一)建立、健全约束制度,配置管理、监督体系

建立、健全高校高水平运动队的约束制度,以依法执政、依法执教为根本性原则。目前的主要问题是如何约束高校教练员、运动员的不规范行为。仅靠教练员和运动员的觉悟与品德进行约束是行不通的,不能保证约束的有效性。首先,必须建立具有约束性的规章制度,才能够约束教练员、运动员的不当行为,从制度上保证学习、训练和比赛的顺利进行。其次,要健全高校高水平运动队的约束制度,仅靠制定制度本身还不够,还要配置管理、监督体系,以确保高校高水平运动队约束制度的有效实施。对遵守约束制度、无不规范行为的教练员和运动员,要予以奖励、提拔、重用;对违反约束制度、具有明显违规行为、导致重大后果的教练员和运动员,要严厉处罚。因此,必须建立起约束机制及配套的管理、监督体系,才能保证约束制度落到实处。

(二)注重约束素养的养成,提高自我管理能力

通过科学、严格的约束和管理机制,可保障运动员的训练、比赛,同

时使其由被动约束向主动遵守转变,高度重视自我管理,以自我约束的理念为基础,进行学习、训练、比赛。专业的教练员注重在训练中言传身教,将约束理念融入高校高水平运动队的日常训练中;教练员也要将自我约束和职业理想相结合,通过对自身的管理,发挥榜样带头作用,提高运动员自身的责任感和使命感。高校也应设立约束素养养成的课程,并将该课作为运动员的必修课,同时注重培养运动员的自我管理能力。自我管理是一种新型的运动员管理模式,是未来进行运动员管理的趋势,也是能够很好地解决传统管理模式弊端的手段,既是实现人本管理的途径,也是人本管理时代的特征。

(三)加强思想教育,建立正确的约束理念

有效的约束机制能够有效地限制运动员的言行。从社会心理学的角度分析,动机是决定成绩的主要因素之一,主要是由人的需求形成的。运动员都有取得好成绩的想法,这种想法就是他们的训练动机,会对他们的训练行为和训练水平产生影响,从而形成长期性和稳定性。培养运动员正确的约束理念,将有效约束他们的言行,运动员将根据自身情况,对符合学习、训练、比赛目标的想法与策略主动予以落实,对不符合目标的观点坚决抛弃,以更加严谨的态度直面挑战。

此外,我国创建高校高水平运动队的目的是为体育强国建设培养和输送高素质的体育人才。因此,在高校高水平运动队的管理过程中,应坚持"以人为本"的管理理念。运动员是运动队的主体,平时应关注和了解他们的思想与心理变化,关心他们在训练和学习过程中遇到的问题,使他们始终保持良好的情绪。运动员只有心态好、心理健康,才能在赛场上不断取得优异的成绩,才能帮助高校实现建设一流运动队的目标。

(四)教练员加强自身修养,训练中以身作则

教练员作为高校高水平运动队的管理者之一,承担着指导运动员训练、生活、学习与比赛的重要任务,有着很高的地位。一位精通业务

并善于自我管理的教练员,往往能带出一批优秀的运动员,带出一支强队。因此,教练员在高校高水平运动队中的作用是毋庸置疑的,而且教练员和运动员接触也是最密切的。教练员必须不断加强和巩固自身修养,以身作则,在进行自我约束的同时,培养运动员的自我管理、自我约束能力,使训练能够更顺利、有效地完成。

目前,国家体育总局倡导与注重科学训练。科学训练不仅指科学的训练方法,还包括科学的成果、科学的理论等。因此,高校应重视高水平教练员和体育科研人才的培养。比如加大对本校体育教师的训练,加强对外聘教练的各项投入,实现教练员专职化,通过多种渠道提升教练员素养。可从以下三方面进行:首先,教练员充分利用网络平台,积极学习自我约束的理论知识,不断提高自我约束水平;其次,对教练员进行素质考核,即定期对教练员的知识、理论的学习情况进行考察,达到要求者给予额外的奖励,以此激发教练员的工作热情,提高整个教练员团队的执教水平;最后,给予教练员外出学习和交流经验的机会,因为只有高水平的教练员才能带出高水平的运动员,高校要不断激励并约束教练员,鼓励教练员充分发挥主观能动性,全身心地投入工作中,尽快打造出一支高素质、高水平的教练员队伍。

(五)更新约束理念,健全约束体系

一直以来,受传统观念的影响,我国高校高水平运动队的约束制度大多重竞技而轻文化。要想培养出高素质、高水平的运动员,首要任务就是深刻理解运动员这一群体的特殊之处,更新约束理念,健全约束体系,帮助运动员实现全面发展,保证高校高水平运动队的培养工作顺利进行。首先,体育部门要与教育部门协同打造高校高水平运动队的多元管理体制,对约束制度实施多方位的监督、管理,保障其能够合理、有效地实施。其次,为了实现高校高水平运动队的有序、健康发展,需要不断优化和完善约束制度。例如运动员在入队前应签订合同;教练员和学校作为监督方应采取符合学校管理的措施;学校应创造公平、公正的环境,避免出现作弊。最后,为了保证约束制度的顺利实施,应加强各部门之间的合作,明确各自的职责和义务;学校领导也应及时转变观念,充分认识到约束制度的内在价值和作用。

(六)将竞赛约束放在首位,注重约束的价值

运动员长期刻苦训练的目的,是要在比赛中充分发挥竞技能力,取得优异的成绩。因此,比赛必须保证每位运动员的公平竞争,没有公平的比赛将毫无意义与价值。运动员的公平竞赛权主要包括参赛公平、竞赛规则公平、裁判公平和比赛结果公平。《中华人民共和国体育法》规定:"体育赛事实行公平竞争的原则。体育赛事活动组织者和运动员、教练员、裁判员应当遵守体育道德和体育赛事规则,不得弄虚作假、营私舞弊。严禁任何组织和个人利用体育赛事从事赌博活动。""运动员、教练员、裁判员违反本法规定,有违反体育道德和体育赛事规则,弄虚作假、营私舞弊等行为的,由体育组织按照有关规定给予处理;情节严重、社会影响恶劣的,由县级以上人民政府体育行政部门纳入限制、禁止参加竞技体育活动名单;有违法所得的,没收违法所得,并处一万元以上十万元以下的罚款。利用体育赛事从事赌博活动的,由公安机关依法查处。"原国家教委发布的《学校体育工作条例》(国家教育委员会令第8号)规定:"在体育竞赛中违反纪律、弄虚作假的,由当地教育行政部门令其限期改正,并视情节轻重对直接责任人员给予批评教育或者行政处分。"然而,竞技体育中不乏违反公平竞争的行为,这些行为不但会对参赛运动员造成物质上、精神上的双重创伤,而且会扰乱社会风气。

因此,我们要高度重视竞赛约束对高校高水平运动队的意义。要发挥约束制度的最佳效果,一是要将重点放在体育理论教学上,提高运动员对竞赛规则的认识;二是体育教学应与竞赛规则教学有机结合起来;三是应加强对运动员和裁判员的培训,同时加强教材结构的建设;四是加强体育道德教育,全方位提升运动员的素养。就第四点而言,可

采取以下措施：首先，学校应将体育道德教育有机地纳入思想道德教育体系来进行考核；其次，积极创新体育道德教育的方法，如在体育课中加强体育道德教育或重点对运动员进行体育道德教育，在比赛、训练的场馆大力宣传体育道德，对体育道德水平高的运动员通过评选的办法予以奖励；等等。

第七章　高校高水平运动队的心理健康教育

第一节　加强源头管理,全方位提升运动员的心理健康素养

运动员的健康成长事关立德树人根本任务的完成,高校必须从源头上抓起,全面培育运动员的良好心理品质,促进运动员身心的健康发展,营造健康向上的成长环境,为培养担当民族复兴大任的时代新人做出贡献。

心理健康教育对于高校高水平运动队的重要性不言而喻。2021年7月12日,教育部办公厅发布《关于加强学生心理健康管理工作的通知》(教思政厅函〔2021〕10号),为进一步提高学生心理健康工作的针对性和有效性,切实加强专业支撑和科学管理,着力提升学生心理健康素养提供了政策指引。作为学生心理健康管理的纲领性文件,该通知对运动员的心理健康教育也有着指导性的作用。

随着社会的发展、科学的进步,网络新媒体日新月异,国际形势瞬息万变,各种思潮不断涌入,大学生各种心理问题频发。我们不得不高度重视高校的心理健康教育,采取行之有效的措施进行干预,建立起完善、高效、科学的高校心理健康教育体系。

运动员存在自身的特殊性。他们不归属正常的班级建制,而且训练时间多于上课时间,与辅导员、心理辅导教师的接触也少,因此,接受的正规心理健康教育少之又少。而且,他们与一般的大学生不同,需要更有针对性的心理辅导,以解决职业焦虑、成绩不稳定等问题。一些研

究表明,心理健康水平是影响运动员获得运动成绩的重要因素。运动员的心理问题如果得不到及时的解决,很容易发展为具有临床症状的精神心理疾病,对自身、家庭、社会都会带来不良影响,因此,在高校高水平运动队开展心理健康教育,刻不容缓。

一、高校高水平运动队心理健康教育的现状

运动员由于训练压力过大、个人职业发展面临瓶颈期、人际关系处理不善、升学不顺利等问题,经常面临各种各样的压力。这些心理压力如果不及时解决,很容易导致运动员的心理失衡。所谓心理失衡,是与心理平衡相对应的,简单地说,是人需要满足而未得到满足所产生的一种心态,是内心世界的一种不和谐状态。一个人如果能够主动地去适应其生存的环境并对来自环境的正常刺激做出恰当的应激性反应,是有利于生存和发展的,这就是心理学上所说的"个体的神经系统与周围的客观条件保持平衡";如果这种平衡被破坏,就会产生心理学上所说的"心理失去平衡",即心理失衡。通常来说,在心理学领域,对危机之后的创伤有个共识:受创伤的人会产生比较强烈的应激反应,且就严重程度而言,心理创伤通常大于肢体伤害。心理创伤不仅危害程度大,而且波及范围广,持续时间长。

二、高校高水平运动队加强心理健康教育的目的与意义

针对运动员在训练、学习、生活、人际关系和自我意识等方面可能遭遇的心理失衡问题,高校应主动采取行动,制定相关制度,拿出切实有效的措施,尽量避免他们因压力无法缓解而形成心理问题。例如关心在训练、学习中遭遇困难或比赛、学业表现不佳的运动员,教练员、辅导员等及时给予指导,鼓励队员、同学一起帮助他们,纾解心理压力,提起训练、学习的信心。要重点关注临近毕业、退役,却仍未获得升学资格或未被用人单位录用的运动员,为他们提供生活托底帮助,缓解他们的退役、就业焦虑。还要重点关注经济困难的运动员,把解决实际问题与解决心理问题结合起来,通过各种渠道的资助帮助运动员。此外,应及时了解运动员在人际交往、恋爱情感中所遇到的困难和问题,有针对性地开展个别谈话、团体辅导等,帮助运动员树立正确的交友观、恋爱观。

三、高校高水平运动队加强心理健康教育的主要内容

就运动员而言,要想心理健康,必须有良好的心理素质,其中,积极品质是近年来积极提倡并着力培养的。在心理学领域,积极品质主要指积极的主观经验和个人特质,这种品质有利于提高生活质量,防止在生活贫瘠而无意义时出现病态。积极品质一般包括希望、智慧、自律、勇敢、谦虚、正直、幽默、坚韧等美德。

不断培养运动员的积极品质,有利于提升高校思想政治教育工作的实效性,是当今高校贯彻立德树人要求、培养新时代人才的重要途径。从教育内容来看,思想政治教育工作者教导运动员充分珍爱生命、尊重生命;从教育路径来看,思想政治教育工作者是通过对生命的内涵进行解读,引导运动员仔细观察生命现象,深度思考生命意义,从而推动运动员更加热爱、珍惜生命。

四、高校高水平运动队加强心理健康教育的具体措施

(一)掌握心理学的知识和技能

以训练场为主阵地,以心理健康课程为补充,高校高水平运动队应进行形式多样的生命教育、挫折教育,帮助运动员掌握心理学的知识,树立自助、互助、求助意识,学会理性面对挫折和困难。

1.开展运动员、教练员的心理健康专题培训

开展运动员心理健康专题培训,可不断提升运动员对心理知识的了解,运动员就有可能在训练、学习等过程中运用好心理知识,对于自身出现的各种情绪问题及时做出调整。教练员这一角色举足轻重,教练员通常会察觉到运动员的心理危机,能够及时与辅导员进行联系并做出干预,因此,也应对教练员开展专题培训。对于重点培养的运动员,开展专题培训后,高校要与其家长保持密切的联系,了解培训效果,

鼓励家长了解、理解自己的孩子……运用多种手段保障运动员的健康成长。

2. 注重心理学知识的传达

除了专题培训,教练员在训练过程中还应注重向运动员传达心理知识和技能。教练员在训练中也可运用一些心理策略,如自我激励、自我画像、自我放松、自我目标设定等,对运动员进行有效激励,让运动员学会有效的自我调节,在遇到瓶颈期、伤病等困扰时不至于出现焦虑、抑郁等心理疾病。常用于运动员的心理技能有回避法,该法主要指在遇到瓶颈时可以进行与比赛无关的活动(如阅读、听音乐、散步等),以此转移自己的注意力,转移训练、比赛中的压力。除此之外,还有"沉浸法",这种方法主要指把注意力尽量地集中到与比赛相关的事物上,如与队友交谈自己的训练经历、比赛经验等。

3. 安排形式多样的生命教育、挫折教育

教练同样要注重给运动员安排形式多样的生命教育、挫折教育等,引导他们学会理性地面对挫折和困难。可以深入地学习,也可以多让运动员了解奥运冠军背后的故事……引导运动员更深刻地理解奥林匹克精神和中华体育精神,激励运动员树立远大的目标和坚定的信念,相信自己不断努力一定可以取得优异的成绩。

4. 培养运动员珍视生命、热爱生活的心理品质

可以通过培养运动员珍视生命、热爱生活的心理品质,增强他们的责任感和使命感。培养学生珍视生命的重要方法之一,就是加强运动员的增强权能。增强权能,顾名思义,是指增强人的权利和能力。就运动员而言,增强权能的建立能够帮助他们摆脱无力感,建立自尊心,对自己面对的问题和需要能够有所判断。通过加强增强权能,还可以不断增强运动员的自我效能感。自我效能感是个人对自己从事某项工作所具备的能力和可能做到的程度的主观评估。自我效能感的建立,对运动员建立判断有所裨益。

(二)培育积极品质

培育运动员的积极品质,充分发挥美育、劳动教育及中华优秀传统文化教育的重要作用,全方位促进运动员的心理健康发展。

1.组织团体活动,增强团队凝聚力、归属感

团队建设(以下简称"团建")等团体活动可以帮助参与者增强社会关系,带来愉悦的感受。因此,可以通过游戏、旅行、读书会等不同形式的有意义的团建活动,增进高校高水平运动队的团体凝聚力。团队凝聚力对一个运动队,尤其是从事橄榄球、龙舟等集体项目的运动队来说至关重要,而紧密的团队凝聚力能够对团队任务完成和团队合作产生积极的影响,最终形成正向循环。多种多样的团建活动还可以增进运动员之间的友谊,缓解运动员之间的紧张关系,让运动员对自己所属的运动队产生归属感。通过这些活动,培养运动员的积极品质,塑造运动员的健康人格。

2.通过劳动教育和美育,提高运动员的综合能力

劳动教育要坚持立德树人,把握导向,遵循规律,创新机制,注重实效,促进运动员形成正确的世界观、人生观、价值观,满足新时代德、智、体、美、劳全面发展的人才需要。从体能方面说,劳动教育在一定程度上可以提高运动员的体力,而体力对于运动员的重要性不言而喻。劳动教育还可以让运动员收获自立、自尊,以及自身对整个社会的价值。不仅如此,通过基本的劳动教育,运动员能够建立起负责任的社会态度,同时掌握工作所需的合作技能和应变能力,学习到一些基本的创业知识,为退役之后的职业发展开辟更加宽阔的道路。从多个方面我们不难发现,劳动教育对于运动员抵御挫折、培养坚强意志和基本生存能力,以及提高应对各种突发事件的处理能力,均具有重要作用。

体育趋向于美,美渗透于体育。美育可以说是生命蓬勃发展的至关重要的组成部分。有研究者认为,美育既是审美教育、情操教育、心灵教育,也是丰富想象力和培养创新意识的教育,能提升审美素养,陶

冶情操,温润心灵,激发创新创造活力。通过组织高水平的美育活动,比如观看画展、电影,欣赏音乐会等,不仅可以帮助运动员建立审美观念,增强审美能力,更为重要的是能够缓解压力,帮助运动员保持身心舒畅,以更好的状态投入训练。美育自身也具有创造性,对运动员的价值观、情感、心理健康等各个方面都可以产生积极的影响,帮助运动员树立正确的审美观。对运动员开展劳动教育和美育,不仅能将运动员培养成为取得优异成绩的奋斗者,而且能将运动员培养成为全面发展的社会主义建设者和接班人。

3. 通过中华优秀传统文化教育,提升心理健康教育的效果

中华优秀传统文化教育对于运动员形成积极品质作用巨大。中华优秀传统文化是五千年文明智慧的结晶和精髓,体现了中华民族坚定不移的意志品质和爱国主义民族精神。那些流传千年的文章,传播的是与人为善、友好相处,激励的是自强不息、奋勇向前,无不与心理健康教育内容相呼应。将中华优秀传统文化教育和心理健康教育相结合,不仅可以更好地传承和发扬中华优秀传统文化,还可以增强对运动员进行心理健康教育的效果。

运动员的道德规范和行为准则也是心理健康教育工作的重要内容。古代圣贤最讲究道德修养和情操,通过学习《道德经》等,可以提高运动员的道德修养,培养运动员的高尚情操,使其逐步将道德规范深植于心、外化于行。

(三)及早疏导各种压力,给予帮助

运动员出现心理失衡的状态时,辅导员、教练员应该第一时间察觉并给予关心爱护,除了与运动员交谈,缓解他们的紧张情绪、焦虑状态外,还应该帮助运动员对在学习、训练及个人职业发展、人际关系等方面遇到的问题,进行全方位、多角度的分析。通过全方位、多角度的分析,有利于培养运动员胜不骄、败不馁的精神品质,有利于避免运动员滋生自满情绪或产生压抑情绪。

除了发挥辅导员、教练员的作用外,要解决运动员的心理失衡,还应该注意发挥学生党员及班干部的作用。由于师生之间的年龄差距、认知水平差距较大,教师对运动员进行的心理疏导、矛盾分析等,有时容易被运动员认为是居高临下的控制。而同龄伙伴的心理辅导在一定程度上可以解决这个问题。

辅导员、教练员还可以帮助运动员树立积极健康的生活理念,形成正面向上的思维方式,在面临训练、生活、学习等各个方面的问题时不要心理失衡,始终保持乐观向上的心态,保持乐观、健康、进取的信念。

由于运动员的身份特殊性,他们在毕业、退役时会比其他大学生面临更大的心理压力。尽管某些高校为运动员设置了专门的硕士研究生保送资格,但是面临从运动员到普通大学生的身份转变,运动员大多须承受巨大的心理压力,容易产生焦虑等心理失衡问题。因此,要重点关注临近毕业、退役却仍未获得录取资格的运动员,积极提供就业、救助等生活托底帮助,缓解他们的退役、就业焦虑。除了积极提供生活托底帮助外,高校高水平运动队的管理人员(如辅导员、教练员)还可以进行专门的辅导,更好地帮助运动员完成身份的转换。比如可以培养运动员的其他兴趣爱好,帮助其找到新的关注点;可以帮助其获得家人、朋友的支持,这有助于运动员在新的职业赛道上更好地适应及取得成功;可以安排创业基础课程,帮助运动员进行职业规划,发展更多的技能,这些技能将使他们在之后的职业生涯中受益;制订"一人一策"的退役规划,不仅帮助运动员适应退役生活,而且帮助运动员在运动之外发展积极的自我健康认知,并增强终身体育、健康饮食的习惯和行为的自我激励。

此外,还要重点关注家庭经济困难的运动员,在资助的各环节把解决实际问题与解决心理问题相结合。经济贫困极易造成运动员的心理贫困,从而引发一系列心理问题。所谓"心理贫困",是指家庭经济困难的运动员因贫困的压力而产生的一系列个性特征和心理健康上的负性变化。很多经济困难的运动员都会有一些负面情绪,最突出的表现就是自卑心理、嫉妒心理、犹豫心理、敏感心理等。这些心理问题的出现,为运动员的心理健康和全面发展带来严重的阻碍。为了解决运动员的"心理贫困"问题,高校及高校高水平运动队须完善全方位资助体系,比如设置勤工助学岗位,给予经济困难的运动员经济援助;通过辅导员、教练员、心理咨询师等开展心理辅导、咨询等多种多样的心理健康活动;根据运动员的家庭背景,采用不同的心理调整策略。通过各种积极的关注与帮助,"心理贫困"运动员能够很快地获取心理情感上的共鸣,激发自身交流的兴趣,在敞开心扉的沟通过程中正确地认识到自身的心理问题,从而实现摆脱自卑、焦虑等心理问题的目标。

第二节 加强心理健康管理,提升及早发现的能力和日常辅导的水平

一、高校高水平运动队心理健康管理的现状

运动员可以说是社会中最活跃、最敏感的一个群体。他们正处于生理和心理日趋成熟而社会经验明显滞后的一个阶段,这个阶段带来的种种心理冲突往往令他们成为最易产生心理问题的群体之一。随着我国教育改革工作的深入,在做好运动员思想政治工作的同时,心理咨询也成了必不可少的一个环节。高校的心理咨询工作者处在心理咨询的第一线,了解运动员的心理问题和心理诉求,推动运动员的心理健康成长毋庸置疑成为他们的一项重要工作任务。为了科学、高效地开展运动员心理咨询,心理咨询工作者必须熟悉所需的各种理论和方法,及早发现问题,给予心理产生问题的运动员各种辅导。

二、高校高水平运动队加强心理健康管理的目的与意义

持久力、适应力和毅力等精神品质是运动员成功的基础,而大学阶

段既是运动员的个性、责任和良知形成的重要阶段,也是运动员需要面对的一个压力巨大的过渡时期,面临着从少年到青年的转型,必须不断适应才能调整好并获得成功所需的技能。许多运动员在大学阶段都经历过不同程度的孤独、焦虑等。研究数据表明,经过约5次心理咨询服务,大部分运动员的心理问题均能够获得一定的缓解。

这进一步印证了心理咨询的重要性。心理咨询可以有效地帮助运动员适应出现的困难,降低负面情绪出现的概率,增加运动员成功的可能性。

三、高校高水平运动队加强心理健康管理的主要内容

(一) 危机预警

危机预警是高校心理健康教育中的一个重要环节,随着危机干预工作向主动化、积极化、专业化的模式不断转变,构建有序的高校高水平运动队四级心理危机预警防控体系具有重要意义,成为当代运动员心理健康教育的重要内容。四级心理危机预警防控体系是指在高校高水平运动队的心理健康预防体系中,将学校、院系、运动队、宿舍四个不同层级的主体联系起来,它们之间既相互独立,又相互配合,共同构成一个多层次、高效率的反馈机制。

危机预警机制符合运动员心理发展的特点和要求。同龄人接触、体验、感受的事物在很大程度上具有一定的相似性,当出现问题时,更希望与有相同经历的人交流,这为年龄相近的辅导员或学生骨干进行心理辅导提供了便利。必须指出的是,很多运动员仅仅是心理压力较大,并不需要专业的心理治疗,但极少数运动员存在中度、重度心理问题,这时就必须由专业的心理咨询师进行专业的心理指导和干预。

(二) 心理咨询服务

心理咨询服务致力于帮助运动员发现抑制自我的真实判断,其中心任务是通过提供各种服务来帮助他们克服影响学业、比赛成绩的个人心理问题。相关研究表明,对运动员进行心理咨询服务,可以有力促

进他们在学习、训练上的积极性。

有效的心理咨询还可以帮助运动员迅速从运动损伤中恢复。伤害本身通常会产生生理和心理后果，消极的心理反应会影响康复的质量和速度，甚至导致再损伤。在运动损伤恢复的过程中，身体、心理、社会文化等多种因素都会增加运动员受伤的风险，影响恢复的速度。康复率受到一系列关联因素如认知、情感、自信心等的影响，因此，在恢复期进行心理咨询是运动员成功康复不可或缺的一部分。

四、高校高水平运动队加强心理健康管理的具体措施

（一）有效进行心理健康评估，构建"一人一策"的心理辅导机制

积极利用专业工具和方法，在每个学期初始对运动员进行心理健康评估，建立完善的筛查和预警机制，以便及早采取精确的干预措施。对评估结果进行科学的分析，由此制订心理健康教育计划，满足不同运动员的需求，进而构建运动员"一人一策"的心理辅导机制。

1.心理健康测评

心理健康测评提供了一个科学、系统的测试方法，可以让我们在第一时间发现运动员深层次的心理问题并及时采取措施。心理测试量表能够迅速而准确地识别运动员存在的紧张、自卑、孤独、压力、恐惧、自我贬低、睡眠障碍、意识障碍等心理问题。

对于无明显心理问题但须注意预防的运动员，辅导员、教练员在日常工作和学习中应对其进行监测，一旦发现任何异常情况，立即提供心理辅导。如果效果不明显，应迅速向学校汇报，聘请专业心理咨询师及时干预。对于诊断出的心理状况不良的运动员，心理咨询师会立即进行个别会谈，如果运动员已经出现重大心理问题，心理咨询师会给予专业的心理辅导并采取危机干预措施。

有些高校高水平运动队会出现团体性问题，这时辅导员、教练员等就要有针对性地进行团体心理辅导，在团队内部或者在外部心理专家的协助下，针对特定的问题提供专门的服务。例如：男性运动员可能在

躯体、运动受伤等方面容易出现心理问题,女性运动员则可能敏感、冲动和睡眠困难。为解决这一问题,可以考虑邀请专业的心理咨询师提供培训,制订专门的计划来应对这类不太严重的心理问题;也可以创建小型团体,如心理疗愈小组、社交焦虑解除小组、正念疗法练习小组、应对学业和工作压力小组、音乐治疗小组等,通过同伴互助和教师指导相结合的方式,提高运动员的心理素质。

2. 一对一心理咨询

教练员、辅导员通过一对一心理咨询,可与个别运动员进行面对面的心理交流。通常前来寻求帮助的运动员都经历了一定的心理困扰,甚至可能有心理疾病,对于这些运动员,接待者的态度、专业能力及咨询室的环境等都会对他们的心理产生影响。接待者须表现出人文关怀,严守保密原则,熟悉咨询过程,具备专业能力,同时应不断学习业务知识,积累实践经验,提高自己的专业水平。只有这样,接待者才能担负起运动员的心灵导师角色,为他们提供重要的支持与指导。

对于心理健康出现较大问题的运动员,教练员、辅导员须每周与其进行谈心谈话,并认真填写谈心谈话记录表。在交谈之前,应该简单了解运动员的背景,包括家庭所在地、家庭成员,以及与同学的相处方式,等等。交谈时要保持真诚的态度,诚恳地交流。诚恳的态度是对谈话对象的尊重,是有效帮助他人的基本要素。尊重同时表现为对运动员的发展状态、成长路径、人格修养、权益保护、实际需求和精神意识的培育,是"以人为本"的先进理念,因此尊重在交谈过程中非常重要。尊重具体包括:对他人的完全接纳,对他人的信任,尊重他人的隐私,平等对待所有人,以礼待人,等等。

同时我们注意到,由于长期处于竞争状态中,运动员通常存在一定程度的焦虑,但焦虑并不总是负面的。适当的焦虑可以起到激励运动员的作用,从而成为其增加训练和学习新技能的动力。对于运动员的过度焦虑症状,教练员、辅导员可以运用以下方法帮助运动员进行调节:第一种是放松,包括非结构化的技术及更结构化的技术;第二种是自言自语,这种方法具有认知、激励功能;第三种是目标设定,可以通过引起运动员注意力、自信心、努力等的变化来影响他们的运动表现。

(二)建立、健全四级心理危机预警防控体系

有研究结果显示,75%的运动员在面对心理问题时倾向于迅速寻求周围队友和朋友的支持,只有极少数运动员认为应寻求专业心理咨询师的帮助。这表明大多数运动员更愿意从同龄人那里获取建议和帮助。高校高水平运动队应建立、健全四级(学校、院系、运动队、宿舍)心理危机预警防控体系。这一体系的运作依赖于多个关键群体,包括高校高水平运动队的辅导员、教练员及班级心理委员、学生骨干、学生寝室长等的参与,他们的主要任务是监测运动员是否遭遇重大生活变故、严重挫折,或表现出其他任何异常。为了完成这一任务,他们须每周定期拜访运动员,运动队也须定期召开运动员心理异常情况评估会,一旦发现情况,迅速采取干预和支援措施。这一举措不仅有助于解决专业心理咨询师短缺的问题,而且更符合运动员出现心理问题时寻求帮助的方向。

近期我国颁布了新的法规,旨在更有效地规范高校的心理咨询体系。这些规定明确了设立与心理健康教育相关组织机构的要求,并强调聘请专业技术人员的必要性,以切实解决大学生的心理问题。然而,这些措施通常更适用于那些心理问题较为严重的学生。鉴于当前运动员心理需求的特点,可以利用队伍骨干的力量,传播专业的心理健康知识,普及日常心理辅导资源和工具,以帮助运动员主动发现个人问题,主动缓解潜在的心理冲突,从而增强自身的心理韧性,解决日常心理问题。队伍骨干在该机制中发挥着重要作用,他们具有与其他运动员年龄相仿、基数大、分布广的优势。因此,应加强对队伍中骨干力量的培养,通过交任务、压担子,让队伍骨干不断成长,全过程、全要素地参与到运动员的心理危机预警防控工作中去,将传统的"自上而下"监督、

管理分步骤、分层次拓展到运动员的日常学习、生活中去,充分给予运动员广泛的、细致入微的心理辅导,促进心理预警防控工作有力开展。

在选拔队伍骨干的过程中,高校要从思想觉悟、个人信念、价值取向、性格品质和专业能力等方面综合考虑。在个人信念方面,队伍骨干的角色认知要明确,具备较强的综合素质,依托优势资源,为他人提供帮助;在性格品质方面,队伍骨干要有大爱和无私的精神,以帮助他人为目的,自觉自愿地为他人解决困难;队伍骨干还应有积极乐观的正能量,能和周围同学形成良好的朋辈关系;在专业能力方面,队伍骨干应具备敏锐的观察力、优秀的语言表达能力、较强的环境适应能力和换位思考能力,能从对方角度入手,在日常生活、学习中敏感觉察出他人的异常行为或异常情绪,及时发现问题,并且能够采取合理的措施快速解决问题。高校应根据上述要素,选拔出真正适合参与心理辅导的骨干人员。

此外,还应培训队伍骨干以朋辈的模式为求助者提供心理疏导和支持,助力运动员向自我教育、自我管理、自我服务的模式转变。一方面,队伍骨干须本着坚信求助者领悟力、判断力、自信力和创造力的原则,引导求助者发挥主观能动性,最终实现自救、自助;另一方面,帮助他人解决问题的目的不是包办代替,而是发掘求助者的自主创新能力,学会自主调节和舒缓放松,激发他们的独立性,为运动员的自主决策建立"永动机"。

为了更好地发挥队伍骨干在日常心理危机预警防控工作中的独特优势,还必须不断加强队伍骨干在四级心理危机预警防控体系中的行为规范化:一是全程覆盖,配齐队伍,做到务实、精干、高效,即学校和队伍的中坚力量要指导各院系心理站、班级和宿舍选拔和推荐优秀学生骨干,构建德才兼备的专职人员队伍,实现四级心理危机预警防控体系全覆盖;二是完善制度,考试、培训并举,即高校应按时为队伍骨干提供培训,举办各种心理专业主题活动等,帮助他们提升专业技能,组建相对专业的心理咨询团队;三是定期考核队伍骨干的专业技能,为求助者提供更好的心理咨询服务;四是不断优化选拔制度,筛选出具备耐心、爱心、责任心及持之以恒的热情,可以做到因人而异、因势利导,兼顾个性与共性的高水平骨干;五是以互帮互助为准则,在校内营造人性化和个性化的服务氛围。

(三)加强心理咨询服务

高校高水平运动队要强化心理咨询服务平台的建设,设立心理发展辅导室、积极品质体验中心、团体活动室、综合素质训练室等,以便于开展个体心理咨询与团体心理辅导,个性和共性并重,为求助者不断提供优质的实时实地服务。还可通过24小时心理援助热线、网络预约专线和咨询邮箱等途径,做好常态化心理咨询服务。

研究结果表明,高水平运动员在运动损伤的恢复过程中,也需要进行更大广度和深度的心理技能训练。运动员在运动损伤后的心理反应可以表现为恐惧回避、疼痛灾难化和焦虑、再次伤害、沮丧、悲伤、抑郁、愤怒、压力大、注意力和信心下降等。高校为受伤运动员提供心理技能训练可作为控制内部过程的一个手段,以期创造理想的康复状态。运动损伤的恢复方法包括:目标设定、想象、积极自我对话、放松。

高校高水平运动队还可与相关院校的心理学研究中心合作,提供相应的实习岗位。这样的合作不仅可以为高校高水平运动队提供有效的心理咨询服务,而且心理研究中心的科研人员也可通过对运动员提供心理咨询服务,获得更多实践经验,使自身的研究更加有针对性。

目前,经过调查,大多数体育主管部门认为,为高校高水平运动队提供专业的心理咨询服务,对于运动队的长期良性发展是有益的。但也存在一些问题,比如:心理咨询的针对性不强,以普适性心理辅导为主,鲜有针对某个运动员及某项运动的专门的心理咨询。因此,高校高水平运动队除了为运动员提供一般的心理健康咨询和心理技能训练,还应该不断提高心理咨询服务的专业性和针对性。

另外一个需要改进的方面就是让运动员理解与心理咨询师联系的重要性,这个"联系",包括运动员与心理咨询师彼此之间分享知识或交流感受。良好的治疗关系至关重要,决定着心理咨询的效果。已有研究证实,某些因素可以增加心理咨询师与运动员之间的联系,包括合作、同理心、温暖、友好和肯定。因此,加强运动员与心理咨询师的联系,至关重要。

笔者认为,通过不断促进高校高水平运动队的专业心理咨询良性发展,心理咨询服务必将在运动员竞技水平的提高及学业发展、职业规划方面发挥越来越重要的作用。

第三节 加强家校协同管理,提高心理危机事件的干预处置能力

一、高校高水平运动队家校协同管理的现状

当前,高校高水平运动队的主要群体仍然是独生子女。进入高校高水平运动队,独生子女更加明显地暴露出情感脆弱、缺乏沟通交流意识等问题。教练员、家长面临巨大的挑战,须探索出一种适合独生子女类群运动员健康成长的教育模式。通过家校协同的教育模式,可以构建以教练员、运动员、家长为一体的基本工作单元,采取多种措施,帮助运动员正确对待训练压力,提高成绩,提升效率,迅速完成自我调适。

二、高校高水平运动队加强家校协同管理的目的与意义

建立家校协同教育,是为了让学校与家长加强沟通合作,共同完成对学生的教育和培养任务。其中一个重要目的,是为了及时解决独生子女在人际交往中出现的问题。来自全国各地的运动员,原本就在地方风俗、生活习惯甚至经济水平等方面存在较大的个体差异,需要彼此包容和理解。而独生子女大多从小娇生惯养,正确面对和处理挫折的

经验较少甚或缺失,独立生活的能力也较差,进入大学后开始住宿舍,面对从未经历过的集体生活,往往会在宿舍人际关系上有诸多困扰。

一般而言,宿舍人际关系的处理,是大学生在人际交往方面需要面对的第一个考验。在处理新生的宿舍关系时,首先是做好宣传、教育和引导,让新生和新生家长对宿舍同学相处的基本原则有一个深入了解,并及时建立家校协同教育的信息库,让新生及其家长及时填写新生家庭信息登记表,及时收集新生的家庭情况、父母联系方式(如电话、QQ、微信、邮箱)等。

其次,教练员、辅导员等要定期去寝室进行调查,及早发现运动员在人际关系中的异常,做好应对措施。一般来说,在不违反学校作息规定的基础上,鼓励运动员相互包容、相互适应,通过沟通和自我反省来化解矛盾;对于违反学校规定,甚至触碰纪律红线的行为,则必须严肃处理,绝不姑息。同时,鼓励运动员与家人保持顺畅的、深入的沟通,在人际关系上有困惑时,鼓励他们向教师或父母、亲人寻求指导和建议。

三、高校高水平运动队加强家校协同管理的主要内容

家校协同教育遵循的是教育学理论体系中的协同效应,通过家校信息共享,互动补充,双向沟通,合理高效互动,时时感知,以期塑造一个全方位、无死角的关怀模式,实现教育成果最优化。与以往单纯强调家长配合学校教育的模式相比,家校协同教育更强调互动性、协作性、效果最优性,更具优势和合理性。在现有研究成果中,有一些学者十分关注家校协同在高校教育中的作用,笔者将就家校协同教育这一模式的实际作用和意义,抒发个人的一些想法和建议。

大学时代是运动员"破茧"蜕变、成长,真正走向独立和成熟的关键期。从依偎在父母的怀里躲避风雨,到离开熟悉的家庭,离开父母的庇佑,走向与同龄人密切相处的宿舍生活;从衣食住行均须依靠父母的帮助,到独立打理生活和确定个人规划,这是一个从依赖到独立的全新的过程,也是一个自我建构、自我成长和逐渐走向成熟并走向社会的过程。在这个时期,很多问题都需要运动员独自面对、独立解决,也必然会给他们带来压力和冲击。事实上,运动员的心理冲突大多不是是非判断的性质,而是面对多种道路选择所引发的种种困惑:大到毕业之后继续攻读研究生还是直接走向社会,或者就业时锚定对口的专业方向还是去尝试更多新的选择,小到应该选择什么样的社团,是否应当通过兼职和实习来获取工作经验……几乎每一个运动员都会面临形形色色的问题。如何认知自我内心需求,如何找到一个平衡的支点,都会给他们带来或多或少的迷茫和压力。尤其是当下严峻的就业形势,更会让运动员感到前途漫漫,无所适从。而这种迷失感会直接给运动员的训练、学习带来不良影响,运动员如果不能科学、合理地应对,人生规划就会出现问题。因此,教练员和家长须及时关注运动员的个性发展和心理状况,家校之间通过现代化的信息技术进行沟通,实时对运动员的情况进行动态了解,才能针对运动员的职业定位和个人发展做好引导,才能有效引导运动员做出合乎自我需求的选择。

大学阶段的运动员还有一个重要的特点,就是自我意识日趋强烈,迫切希望得到他人的认同和赞赏。因而,运动员会针对自我薄弱部分,产生出强烈的学习需求、充实自我需求、上进需求。但是,这些需求很难在短时间内得到满足,带来脱胎换骨的改变。在遇到困境和挫折的时候,有的运动员在追求自我发展时操之过急,没能达到期望的目标就自暴自弃,产生不良的心理反应;有的运动员在自我认知过程中夸大了自己的弱势,忽略了优势,由于害怕弱点暴露而采取消极防御,产生严重的社会交往障碍……这些情况虽然都属于暂时的心理失衡,但是如果缺乏及时的干预,很容易对运动员的心理健康造成严重影响,甚至成为他们长期的心理阴影和社交障碍。在这种时候,高校除了要及时提供各种就业信息资源、人生规划辅导等,还要通过家校协同,与家长实时沟通,充分了解运动员及其家长的具体想法,引导家长更多地参与到运动员的人生定位和自我规划的讨论中来。

四、高校高水平运动队加强家校协同管理的具体措施

（一）构建家校协同干预机制

对于入队前就有抑郁、焦虑等心理问题或情绪的运动员，应组织相关专业人员进行研判并制订干预方案，及时将干预方案告知家长，与家长共同商定任务分工。运动员出现自杀自伤、伤人毁物等严重心理危机时，应及时协助家长送医诊治。

运动员刚入学时，高校高水平运动队应组织形式多样、内容丰富的讲座。

同时，教练员、辅导员应与运动员及其家长进行初步交流，了解每个运动员的心理健康状况，并在之后与运动员再进行一对一的深入交流。运动员在日常训练和生活中会面对很多问题与困扰，教练员、辅导员要与家长及时沟通，提出建议，尽快帮助新生适应角色的转换，适应大学的生活与学习节奏。对于考试不及格的运动员，教练员、辅导员和授课教师应加强与运动员的沟通，并与家长一起摸清他们的学习状况，找出考试失利的原因，鼓励他们改进学习方法，重拾信心。

一些运动员毕业时难以转变心态，同时还承担着考研、找工作等事关个人前途的压力，对于这个群体，家校协同教育的重点是及时提供相关的资讯和指导，并及时向家长通报他们训练、学习的情况，帮助他们克服心理压力；鼓励运动员更多地与父母沟通，鼓励他们丰富个人技能和专业经验。

总体而言，以运动员为中心，学校、家长共同参与的家校协同教育模式，能够在一定程度上帮助运动员在学年内顺利完成训练、学习任务，帮助运动员在不同阶段建立自信并及时处理问题。运动员的心理状态并非一个"绝对值"，健康与非健康之间没有明显的分界线。对于大多数运动员来说，随着自身的发展，经历困惑、挫折等，这是完全正常的。虽然运动员在生理上已经"成年"，但他们的心理成长和发展是一个逐渐成熟的过程，仍然需要教练、辅导员等一线工作人员通过电话、视频、微信、邮件、信函等多种方式,加强与家长的沟通,及时了解动态,及时给予指导。高校应更加重视运动员家庭方面产生的作用和影响,父母的价值观、教育理念等往往是运动员心理健康的重要影响因素,学校甚至不能一味地处于主导地位,为了实现教育目标,有时还要将自己摆在辅助的位置。

(二)争取专业机构协作支持

高校尽管已经采取多种措施,如设立为运动员服务的心理咨询中心等,为运动员提供专业的心理咨询,但要帮助有严重心理问题的运动员,这些举措还不够,需要与当地的精神卫生医疗机构协同合作,并争取与其形成定点合作关系,建立高校高水平运动队的心理健康教育及心理危机干预协作机制。

患有严重心理疾病的运动员,往往病情易复发、病程长,恢复过程相当缓慢,接受药物治疗后也需要一个逐渐康复的周期。这个过程需要以父母为主,辅导员、教练员积极配合,长期合作,不间断地照料。这时也需要精神卫生医疗机构的专业指导,以更有效地帮助运动员恢复心理健康。

(三)提升应急处置能力

运动员因心理问题发生意外后,学校要立即启动应急工作预案,第一时间联系家长,了解情况。针对可能引发的社会关注,学校要按照公开、透明的原则,及时回应,同时争取公安、教育等部门的支持,杜绝恶意炒作。

1. 完善运动员心理突发事件的应急机制

运动员平均年龄相对较小,在社会中属于一个较为弱势的群体,并且他们中的大多数为独生子女,缺乏一定的生活经验和社会经验,在正式进入大学生活之前,他们都是在老师和父母的细心关怀下成长起来的,自我安全意识和自我防卫能力都有待提高。因此,高校必须完善运动员心理突发事件的应急机制,以达到"未雨绸缪"的效果。

为了发挥该机制的预防作用,必须提高运动员的综合素质,重视运动员的思想教育工作,让思想教育工作"进头脑、进课堂、进家庭",培养运动员较强的辨别能力。父母及教练员、辅导员应密切关注运动员,当其出现心理问题时及时进行疏导,促进运动员全面健康成长。同时,可以利用新媒体来拓宽运动员的信息获取渠道,提高运动员的交流能力,并对运动员的各类信息进行制度化、科学化的管理。高校应利用信息系统了解运动员个人的实际情况,并以此作为调整和开展教育工作的重要依据,为运动员创造平等和谐的教育氛围,满足运动员的个性需求。父母也要跟随社会发展的脚步,时刻关注运动员的身心发展,注意对社会舆论进行积极的引导,加强对运动员的微信、微博等社交软件的监控,增强防范突发事件的能力。

2. 完善运动员心理突发事件的决策机制

完善运动员心理突发事件的决策机制,可以在降低管理成本的同时,取得理想的应急管理效果。应急管理工作涉及高校多个部门,也须与家长长期保持良性沟通,因此,必须建立一个高效、常规的应急指挥体系,以便于迅速决策、调动资源、快速响应。高校要提高应急干预能力,提高应急管理的效率,就必须建立应急决策和协调机构,并将家长纳入其中。高校还应扩大管理范围,建立扁平化的指挥结构,优化组织的结构和层次,赋予各应急部门相应的权力,建立灵活的应急决策机制。

应急指挥机构在各应急小组意见不统一的情况下,必须要尽快协调、指挥、解决问题,使应急处置工作顺利进行。此外,还要加强应急决策团队的专业化建设,平时加强对家长、教练员、辅导员等的教育、培训,使应急决策团队的成员做到了解、把握运动员的心理状况,能够冷静并从容有序地处理各种突发事件,提高应急管理水平。

3. 完善运动员心理突发事件的保障机制

首先,完善运动员心理突发事件的保障机制,才能在突发事件发生时,集中人力、物力、财力资源,并让这些资源发挥关键的保障作用。其次,突发事件的发生,对运动员的心理负面影响是十分严重的,而且持续时间长,波及范围广,由此带来的危害不亚于心理疾病带来的危害。因此,在高校高水平运动队的应急管理工作中,必须把心理干预作为运动员心理突发事件保障机制的重要内容,加强心理干预机制的建设。最后,高校高水平运动队应建立专业化且高素质的心理咨询师队伍,以及心理咨询师鉴定制度、考核制度,为运动员建立第三层保障。

4.完善运动员心理突发事件的恢复机制

完善运动员心理突发事件的恢复机制,可以为运动员营造一个积极、健康的家庭氛围和校园氛围。首先,突发事件发生后,大多数运动员的声誉往往会因社会舆论而受到影响,在这种情况下,高校要多与家长、运动员互动和沟通,尽量降低突发事件对运动员及其家庭的伤害,通过多种渠道传递正确的信息,逐步淡化负面影响。其次,要完善问责机制,评估应急人员的表现,实施相应的奖惩制度,使每个相关人员都能认真对待运动员的突发事件。

参考文献

陈松,2018.我国高校高水平运动队演进阶段划分与发展趋势分析[J].体育文化导刊,2(2):111-115.

窦海波,孙辉,2019.我国高校高水平运动队发展问题及对策[J].体育文化导刊,11(11):84-91.

郭晓培,钟秉枢,2022.我国高校高水平运动队发展探析[J].体育文化导刊,3(3):58-64.

郝克勇,2010.高校高水平运动队思想政治教育工作研究[D].北京:北京化工大学.

梁如春,2007.我国普通高校高水平运动队文化教育管理研究[D].上海:上海交通大学.

刘思佳,陶岩,2019.新时代加强高校高水平运动队党建工作的思考[J].科技视界(16):152-153.

刘荧南,2011.福建省高校高水平运动队学习与训练管理的发展研究[D].厦门:集美大学.

钱长浩,付百兴,2019.高校高水平运动队思想建设研究[J].科技视界(2):86-88.

盛珍珍,2018.对高校高水平运动队管理制度的分析研究[J].当代体育科技,8(1):115-116,118.

王广磊,2023.高校高水平运动队高质量发展的思路与路径研究[J].当代体育科技(5):26-30.

王俊亮,葛春林,吴宾,2021.我国高校高水平运动队时空布局:演进规律、布局现状及影响因素[J].天津体育学院学报,36(5):528-533.

吴清云,2002.我国高校高水平运动队管理体制的研究[D].长沙:中南大学.

闫燕,2014.我国高校高水平运动队发展的实证研究[D].上海:上海体育学院.

喻颖洁,2023.体教融合视域下高校高水平运动队发展新路径[J].当代体育科技(8):35-42.

郑鑫,2011.吉林省高校高水平运动队学训矛盾分析与对策研究[D].长春:东北师范大学.

周丽君,冯祎晗,2024.高校高水平运动队建设路径的逻辑辨识与行动方略——基于行政型体育组织的考察[J].体育学刊,31(1):118-124.

朱晓菱,2019.我国高校高水平运动队发展面临的问题及对策[J].中国体育教练员,27(4):73-76.